マーケティング

（改訂新版）マーケティング（'25）

©2025　安藤和代・石井裕明

装丁デザイン：牧野剛士
本文デザイン：畑中　猛

o-43

まえがき

　今日，ビジネスを取り巻く環境は大きく変化している。それに伴うマーケティングの取り組みの進化には目を見張るものがある。例えば，AI，IoT，ビッグデータなどデジタル技術を用いたマーケティング施策が広がっている。また，同技術を活かして顧客に関するぼう大なデータを蓄積し，それらの分析結果に基づいた顧客との関係構築が進められている。

　企業の社会的責任活動に対する国際社会の要請の高まりも，企業にマーケティング戦略の見直しを強く要請する。その最たる例が，2015年の国連サミットで設定された2030年までに達成すべき世界共通の持続可能な開発目標，いわゆるSDGsであろう。教育・貧困・エネルギー・街づくり・気候変動などにまつわる17の目標が掲げられ，その解決に向けた動きを政府，自治体，個人そして企業に求めている。

　従来，企業による文化・芸術の援助であるメセナや，慈善活動であるフィランソロピーといった社会志向の（ソシエタル・）マーケティングの取り組みは，自社の利益と結びつきのない分野で行うことが不文律とされていた。しかし，よりよい社会の構築に対し企業の積極的な関与が求められるようになる中で，多くの企業は社会的責任活動をマーケティング戦略の中に埋め込み，積極的に取り組むようになっている。事業と社会課題解決の両活動を直接的に結びつけることで，社会の発展と企業の競争優位性の構築を両立させるよう努めている（共通価値の創造）。

　本書執筆中の2024年1月，日本マーケティング協会は34年ぶりにマーケティング定義を刷新し，新定義を「顧客や社会と共に価値を創造し，その価値を広く浸透させることによって，ステークホルダーとの関

係性を醸成し，より豊かで持続可能な社会を実現するための構想であり
プロセスである」とした。マーケティングが価値創造のプロセスである
という基本コンセプトを維持しつつ，新しい定義ではマーケティングの
目標を企業の成長の先にある，持続可能な社会の実現としている。

　本書はマーケティング初学者のための教科書である。読者のみなさん
がマーケティングへの理解を深め，基本的な知識を習得し，実践力を向
上させられるよう，内容や構成を検討した。また，冒頭で述べたマーケ
ティングが果たす役割の変化を受け，本書では，最近のトピックスを紙
幅が許す範囲で盛り込んでいる。デジタル化が進む中で誕生した新しい
マーケティングの施策や，情報環境の変化に伴うプロモーション戦略の
対応，消費者との関係構築にまつわる施策，企業の社会的責任活動など
である。
　他方で，今日的なマーケティングを実践する上でも，長年の研究成果
に裏付けられたマーケティングの基本を理解することは，変わらず重要
である。初学者が学ぶべき基本的なマーケティングの考え方や重要な概
念，フレームワークについて，丁寧に解説することを心掛けた。
　最後に，マーケティングの施策やその背後にある戦略を，読者が実感
を持って理解し，積極的に学び進めてもらえるように，可能な限り多く
の事例を取り上げた。読者のみなさんがご自身にとって身近な企業や製
品のマーケティングを分析することは，学習の深化につながると考えて
いる。本書の事例を参考に，ぜひ取り組んでいただきたい。

　本書の構成は次のとおりである。第1章では，マーケティングとは何
かを明らかにすることを目的とした。マーケティングの定義や，市場へ
の接近法を示すマーケティング・マネジメント・コンセプトの変遷を確

認することから始める。顧客ニーズ，顧客価値，顧客満足といった重要な概念を学ぶことで，マーケティングの基本的なコンセプトである「価値創造のプロセス」の理解に役立ててほしい。

　第2章以下では，マーケティング・マネジメント・プロセスに沿って，目標の明確化，計画の策定，計画の実行，計画の統制，の順に学んでいく。最初は，目標の明確化である。適切なマーケティング戦略を構築するためには，企業戦略や事業戦略の考え方を学び，各事業への資源配分や成長に向けたフレームワーク，事業が利益を獲得するための基本戦略について理解を深めることや（第2章），自らを取り巻く外部の環境や自らの内部の環境を分析することを通して，市場が求める価値を明らかにする必要がある（第3章）。

　マーケティング戦略の中心に据えられるのは，顧客のニーズやウォンツである。計画の策定において，消費者および消費者行動を正しく理解することや（第4章），意思決定が科学的な根拠に基づき行われるよう，多様なマーケティング・リサーチの手法を習得することが求められている（第5章）。また，第6章ではSTPを取り上げ，企業が同一の顧客ニーズを持つ市場に細分化したうえで，自社が標的とする市場を決定し，顧客のニーズやウォンツを反映した自社製品の独自性やポジションを設定することを学ぶ。

　戦略の土台が作られた後には，マーケティング・ミックスの枠組みを用いて，より具体的なマーケティング計画を策定し，計画を実行する。マーケティング・ミックスでは，製品（product），価格（price），流通（place），プロモーション（promotion）の政策が検討される（第7章〜第13章）。マーケティングの4Pは，マーケティング実践の中核に据えられる考え方であることを念頭におき，理解を深めてほしい。

　計画が実行されたのちには，目標に照らしてマーケティングの成果を

評価し，次の計画に反映させることが望ましい。マーケティングの目標は顧客の維持・拡大を図り企業の成長を実現し，持続可能な社会の創造に貢献することである。顧客との関係構築については第14章で，持続可能な社会とマーケティングについては第15章で学ぶが，今日のマーケティングに求められている役割を踏まえると，これらの学びの重要性を理解するのではないだろうか。

　本書の出版にあたっては，大変多くの方々にお力添えをいただいた。著者2人の恩師である恩藏直人先生（早稲田大学）には，学生時代から今日に至るまで，温かく指導をしていただき，マーケティング理解を深化させる貴重な機会を数多く提供していただいた。マーケティング教員として教壇に立つことができているのは恩藏先生の指導のおかげであり，あらためて，ここに感謝の意を表したい。また，放送大学で教鞭をとる機会をくださった齋藤正章先生（放送大学）に感謝を申し上げたい。数多くの多様な受講生を抱える放送大学の教育に携わることは，学び多き経験となったことは言うまでもない。そして，適切な助言と細やかな配慮で本書編集にご尽力くださった宮崎洋一氏に，心よりお礼申し上げたい。

2024年9月

安藤和代
石井裕明

目次

1 │ マーケティングとは何か

安藤和代

《目標＆ポイント》 本章の目的はマーケティングとは何かを明らかにすることである。最初にマーケティングの定義や，市場への接近法であるマーケティング・マネジメント・コンセプトの歴史的な変遷を確認する。その後，マーケティングの理解に役立つ概念や，マーケティング・マネジメントのプロセスを学習する。

《キーワード》 マーケティング・マネジメント・コンセプト，ニーズ，顧客価値，顧客満足，顧客維持

1．マーケティングとは何か

（1）マーケティングの定義

　優れたマーケティングを展開する企業をあげるよう言われたらどのように答えるだろうか。好感度の高い広告やキャンペーンを実施し製品やサービスの評判を高めることに成功している企業，あるいは綿密な調査を行いデータに基づき優れた製品やサービスの開発に成功している企業をあげるだろうか。店舗やウェブサイト，SNS を通じて顧客との対話を行いブランドに愛着を持つ多くのファンを持つ企業かもしれない。多くの人は広告や販売促進，製品開発や消費者調査，顧客との関係構築などマーケティングを構成する重要な活動に注目して企業を選択することが予想される。しかしこれらの活動を足し合わせることでマーケティングの本質を言い表すことは難しい。

　ではマーケティングとは何かという問いに対して何と答えればよいのか。シンプルな答えには「顧客創造活動」や「市場創造活動」がある。著名な経営学者ピーター・ドラッカーは，企業経営について論じる中で「企業の行為が人の欲求を有効需要に変えたとき，はじめて顧客が生まれ，市場が生まれる」と述べた。有効需要とは貨幣の支出に裏付けられた需要のことである。そして同氏は，顧客や市場の創造のために欠かせない活動がマーケティングであると論じている。

　「売れ続けるしくみづくり」と答えることもできる。優れた価値を創造し新たな顧客を開拓したならば，顧客の満足を高めることで再購買につなげ，顧客の維持，拡大を図ることが目指される。マーケティングは収益性の高い顧客と良好な関係を構築する一連の活動であるとも考えられている。

　アメリカ・マーケティング協会の定義「顧客，依頼人，パートナー，社会全体にとって価値のある提供物を創造・伝達・流通・交換するための活動，一連の制度，過程」（2017年）を確認しておこう。新たな顧客を創造し維持するためには，顧客にとって「価値のある提供物」を創造することが必須である。また提供物の存在を知らせ，対象者の手に届けるチャネルを構築し，提供者にとって価値のあるものと交換する必要がある。こうした一連の活動や仕組みのことをマーケティングという。

2.　マーケティング・マネジメント・コンセプト

　マーケティングの実践において，企業はどのような理念を持って取り組むべきなのか。市場に対する考えや市場への接近方法を示すマーケティング・マネジメント・コンセプトには，「生産志向」「製品志向」「販売志向」「マーケティング志向」「ソシエタル・マーケティング（社会）志向」の5つがある。

（1）生産志向・製品志向・販売志向

　生産志向では，顧客は手に入りやすく買いやすい価格の製品を好むものだと考え，需要を充足するに十分な供給体制を敷き，手頃な価格で流通させることが企業の使命だと考える。大量生産・大量流通を実現し効率化を図る。最も古くから存在している考え方の1つであるが，需要が供給を上回るような状況においては，今日でも有効である。

　製品志向では，顧客はより優れた品質や特性をもつ製品を好むと考え，革新的な技術開発や継続的な製品改善に努め，よりよい製品を市場に提供することが企業の使命と考える。製品の品質やその改善は，マーケティング・マネジメントで最も重視されることである。しかし製品志向が行き過ぎると，製品自体のみに目が向けられ，製品が生み出す顧客の便益や真のニーズを軽視する，いわゆるマーケティング・マイオピア（近視眼）に陥ってしまう。ドリルメーカーは，顧客はドリルを必要としていると考えがちであるが，彼らが必要としているのはドリルで開ける穴であることを忘れてはいけない。写真や絵を壁に飾るためにドリルを購入している顧客は，壁に穴をあけずに済むピクチャーレールやより簡便な両面テープを用いたフックが登場すると，それらを選択する可能性は小さくない。製品は，顧客の問題解決のための手段にすぎないのである。製品のみに注目するのではなく，顧客のニーズや価値観，競合他社製品を含む市場の変化に敏感である必要がある。

　販売志向では，顧客に選ばれるためには大規模な販売活動やプロモーション活動が必要であると考える。需要を超える生産能力を企業が有する今日では，ぼう大な製品やサービスが市場に供給され，激しい販売競争が起きている。たとえ良い製品であっても製品の存在を知らせ，特長を伝えられなければ購買にはつながらないし，生産した製品を売り切ることができなければ利益を得ることはできない。そこで企業は潜在的な

顧客を見出し，製品やサービスの存在や魅力を気づかせるよう働きかける。製品を開発する部隊とは別に販売部隊を設置し精力的な営業活動を行ったり，プロモーション活動を強化したりすることで顧客を獲得し売り上げを確保することが目指される（**図1-1**）。

　こうした販売志向にみられる売り込み攻勢にはリスクが伴う。なぜなら生産された製品の売り減らしに努めることになるため，目先の取引に重点を置き，顧客との良好な関係構築を目指す長期的な視点が欠けてしまうからである。販売志向の限界が認識される中で，マーケティング志向が誕生した。

（2）マーケティング志向

　製品志向や販売志向では技術や資源など企業が有する「シーズ」を出発点として製品を開発し，工場で生産し，それらを売りきるといったスタンスをとるが，**マーケティング志向**では顧客の「ニーズ」を出発点として製品を開発・生産し，販売するというスタンスをとる。顧客が必要とするものを作れば製品は自然に売れていくという発想である。この点

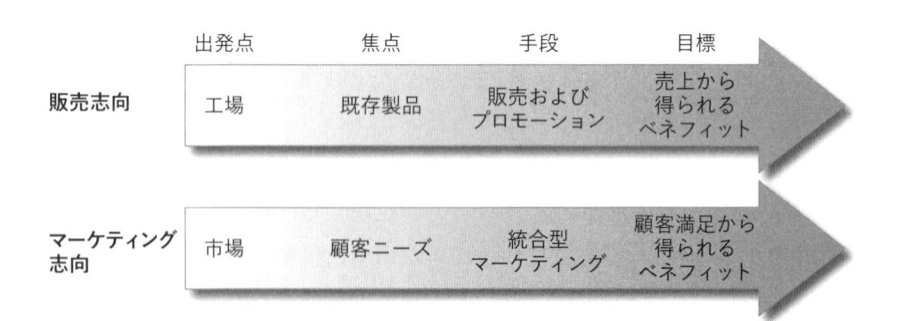

図1-1　販売志向とマーケティング志向
出所：コトラー，アームストロング，恩藏（2014），p.12

を捉えてピーター・ドラッカーは「マーケティングの究極の目的はセリング（売り込み）を不要にすることである」と述べている。この言説はマーケティングの重要性を強調するものであって，現実に販売が不要になるわけではない。提供物を創造・伝達・流通・交換するための一連のマーケティング活動が適切に機能するならば，ことさら売り込みをする必要がないと指摘するものである。そしてマーケティング志向では，顧客に価値を提供し満足を得ることで，長期的な好ましい関係を築くことが目指される（**図1-1**）。

　マーケティング志向の実践にあたり，顧客ニーズの把握が重要となることはいうまでもない。マーケティング志向の企業は，既存顧客や潜在顧客を対象に調査を行いニーズやウォンツを把握し，既存製品の改善や新製品の開発に役立てている。こうした取り組みは明確なニーズが存在する場合には効果的な方法である。しかし今日では顧客が言葉にできるニーズの多くはすでに製品化されており，多くの場合，顧客自身も自分が何を欲しているのか自覚できていない。また近年の技術革新は目覚ましく，どのような製品が技術的に可能かを消費者は理解していない。例えばスマートフォンやオンラインショッピング，カーシェアリング，動画や音楽のストリーミングといった製品やサービスを三十数年前の消費者が思いつき言葉にすることができたとは考えにくい。こうした状況下ではヒアリングや調査を実施し，顧客が明言する要望やニーズに応えるだけでは不十分である。顧客が明言するニーズの背景にある真のニーズや，顧客も気づいていないが提示されて必要性や欲求に気づく学習されるニーズに注意を向けることが重要である。ソニーの創業者の盛田昭夫氏の語録によれば，「モノづくりは"お客様を喜ばすこと"が大原則」としたうえで，メーカーは「消費者がどんな製品を望んでいるかを調査して，それに合わせて製品を作るのでなく，新しい製品を作ることで彼

らをリードすること」が必要だと述べている。

（3）ソシエタル・マーケティング志向

　マーケティング志向が目指す顧客の短期的な満足と，社会の長期的な幸福は同時に達成できるのか。あらためて企業に投げかけられている問いである。背景には，消費者運動や環境保護運動が成熟し，持続可能な社会の実現が世界の共通目標と認識されるようになったことがある。また顧客満足を高め利益を追求する企業の活動が，社会全体の利益に貢献するとは限らないとの認識が強まっていることもある。例えばリーズナブルな価格を追求し，世界規模で原材料の供給網や生産体制を整え効率的なサプライチェーンが構築される中で，劣悪な環境や低賃金での就労といった労働問題や人権問題が生じている。自然環境の悪化や資源の枯渇，さらには経済格差や貧困問題を助長させているというのだ。こうした社会的な課題に対して企業が積極的に関与し社会的責任を担うことが期待されているのである。

　社会志向とも呼ばれる**ソシエタル・マーケティング志向**では，自社の利益を上げることだけに注力するのではなく，社会をよりよく持続可能なものにするために責任と義務を果たすことが企業の使命だと考える。

　ソシエタル・マーケティング志向の企業は，「フィランソロピー（企業が非営利組織や自治体などに対して行う寄付活動や慈善活動のこと）」や「メセナ（企業による文化芸術の擁護や援助のこと）」など社会貢献活動に積極的に取り組んでいる。自社事業への引水とみなされることを避けるため，社会貢献活動は自社事業と独立させる形で行われることが多かったが，よりよい社会の構築に対する積極的な関与が企業に求められるようになる中で，社会的責任活動を既存事業と独立した形で考えるのではなく，既存事業に埋め込もうとする動きが大きくなっている。例

えば，「コーズ・リレーティッド・マーケティング」や「共通価値の創造（CSV：Creating Shared Value）」などである。詳細は第 15 章で解説する。

　2024 年，日本マーケティング協会は 34 年ぶりにマーケティングの定義を刷新し，新定義を「顧客や社会と共に価値を創造し，その価値を広く浸透させることによって，ステークホルダーとの関係性を醸成し，より豊かで持続可能な社会を実現するための構想でありプロセスである」とした。

　マーケティングが価値創造のプロセスであるという基本コンセプトを維持しつつ，新しい定義ではマーケティングの目的を企業の成長の先にある「持続可能な社会の実現」とした。「広く浸透」「持続可能」といったワードから，長期的な視点での取り組みであることが読み取れる。また，主体が単独で取り組むのではなく「ステークホルダーとの関係性を醸成し」「社会と共に」実現していくという姿勢が示されている。

3.　価値の創造と顧客の維持・拡大

　マーケティングの基本的な目的は，価値を提供物に変換しその提供を通して新たな顧客や市場を創造することである。そして顧客を維持し拡大することである。ここでは創造する「価値」「提供物」や「顧客の維持」を理解するうえで重要となる概念について解説する。

（1）顧客ニーズ，ウォンツ，需要

　時代が変わり置かれた環境が変化することは，人々の考え方や価値観に影響を与える。そして，消費者が必要とし欲する製品も変化する。市場や顧客を理解する上で移ろいやすい消費者のニーズやウォンツを的確に把握することは，提供物の価値を設定するうえで重要なことである。

　マーケティング研究の第一人者であるフィリップ・コトラーは，ニーズとウォンツを区別することの有効性を提唱する。ニーズとは顧客が欠乏を感じる状態のことであり，ウォンツとはニーズを充たす特定のものをさす。のどが渇いた状態では「飲み物」に対するニーズが生じる。これに対して水，お茶，果汁飲料，炭酸飲料，エナジードリンクなど様々なウォンツが存在する。1つのニーズに対してウォンツは1つではない。多様なウォンツには製品だけでなくサービスも含まれる。汚れた部屋に嫌気する状態では「きれいな部屋」に対するニーズが生じ，対応するウォンツには高機能洗剤，掃除機，ロボット掃除機といった製品だけでなく，転居や家事代行といった解決策を提供するサービスが含まれる。いずれのウォンツを選択するかは性別，年齢，国，行動特性や価値観の影響をうけるため人により異なる。「飲み物」ニーズの場合，ダイエットをしている人は水やお茶など0カロリーの飲料を選択し，疲れている人は炭酸飲料やエナジードリンクなど刺激やエネルギーが得られる飲料を選択するだろう。「きれいな部屋」の場合，問題解決への動機レベルや，使える時間や費用によって選択は違ってくる。そして前述したように，ウォンツを充たす製品やサービスが顧客の購入できる価格で流通していれば「需要」が生まれるのである。

（2）価値ある提供物

　顧客のニーズやウォンツを充たす価値を提供物として市場に流通する。有形の製品や，ものの所有に至らない無形の活動やサービスも含まれる。さらに視野を広げると，人，場所，組織，情報，アイデア，慈善活動なども提供物に含まれる。したがってマーケティングの主体は企業だけでなく，非営利組織や個人，行政機関や地域，NGOなど幅広い。

　例えば，全国の観光地は観光客誘客のためにDMO（Destination

Management Organization：観光地域づくり法人）を設立し，地域（場所）の観光地としての価値を創造し提供し，関係人口を増やすべくマーケティング策を展開している。観光庁はこうした取り組みを積極的に後押ししている。また「ハチマルニマル運動（80 歳になっても 20 本以上の自分の歯を保とう）」「はたちの献血」といったスローガンに馴染みがあり，重要性を認識したり行動に移したりしている人がいるとするならば，日本歯科医師会や関連企業，厚生労働省が中心となり行われた，アイデアに対するマーケティングの成果ということができるだろう。

（3）顧客価値

　数多く存在する製品やサービスの中から顧客はどのように製品やサービスを評価し選択しているのかを理解しておくことも重要である。顧客の評価や行動を理解する手掛かりとなる概念に「顧客価値」がある。顧客価値とは，顧客が製品やサービスに対して感じる価値のことをいう。そして次のような式で表される。

$$顧客価値 = \frac{「顧客が製品から得るベネフィット（便益）」}{「顧客が製品を得るために支払うコスト」}$$

　この式からわかるように，顧客が製品を獲得するために必要なコストに対して，製品から獲得できるベネフィットのほうが大き（小さ）ければ顧客価値は高（低）くなり，購入される可能性は高（低）くなる。この式からわかることは，品質や機能が優れた製品の顧客価値が必ずしも高いとは限らないということである。価格が極めて高いなどコストが高いとみなされれば顧客価値は低くなるし，たとえ品質が劣っていたとしても価格が極めて安くコストが低ければ顧客価値は高くなる。

　顧客価値を左右するベネフィットやコストは，製品の品質・機能や価

格だけではないことはいうまでもない。どのような要素がベネフィット
となりコストとなるのだろうか。例えば憧れのブランドのコートを購入
した人は，着心地が良く防寒に優れているといった品質や機能面（機能
的ベネフィット）だけでなく，袖を通すだけで得られる高揚感や満足感
といった感情的な喜びを得ている。それを情緒的ベネフィットと呼ぶ。
多様な製品カテゴリーにおいて，高い機能水準で製品が均一化する，い
わゆるコモディティ化が進行する市場において，情緒的ベネフィットで
の製品間差別化競争が激化している。ほかにも購入プロセスにおいて従
業員から丁寧な支援や有意義な情報提供があったときに得られる従業員
ベネフィット，アフターケアやメンテナンス，保証，ポイントなどが提
供されることで得られるサービスベネフィットがあげられる。

　他方，コストにおいても金銭的コストに加えて時間的コスト，肉体的
コスト，心理的コストがある。金銭的コストには，製品価格，製品購入
時の交通費や配送料などが含まれる。製品を購入するために製品情報を
調べたり，購入のために店舗にでかけたり，オンライン店舗で商品を検
索したり，購入ページで情報を入力する時間は時間的コストである。近
年，タイパ（タイムパフォーマンス）という言葉が聞かれるようになっ
た。消費者が時間効率を重視するとき時間的コストへの意識は高まるこ
とが推測される。遠方に行かなければ入手できない製品の場合，肉体的
コストは大きくなる。また店舗内陳列がわかりにくく目当ての商品を見
つけるのに手間取ったり，長時間レジに並ばなければならなかったりす
る場合には肉体的コストが高まるだけでなく，不便さにがっかりしたり，
列に待つ間にいらいらが生じたり心理的コストも上昇する。心理的コス
トとは製品やサービスを得るにあたり顧客が感じる精神的な負担のこと
をいう。

　近年，幅広いサービスのデジタル化が進んでいるが，IT デバイスや

オンライン上の手続きに慣れているか否かで顧客が感じるコストは大きく異なる。慣れている人々にとっては，自分の好きな時間や場所で利用できるので時間的，肉体的，心理的コストの低下につながる。他方で，高齢者などそれらに慣れていない人々にとっては，いずれのコストも上昇することが予想される。ベネフィットもコストも，個人や状況により感じ方が異なるものである。

（4）顧客価値を高める方法

　先に示した式に基づけば，顧客価値を高めるためにはいくつかのアプローチがある。最初は，①分母のコストを小さくし，分子のベネフィットを大きくすることである。書店からスタートしたアマゾンは，店舗を持たず倉庫に在庫スペースを確保できるため，豊富な品揃えを実現し，また書籍情報や読者コメントを提供したことで，基本的ベネフィットやサービスベネフィットを増大させた。同時に，オンラインで書籍の探索や購入を可能にしたことで，肉体的・時間的・心理的コストを小さくすることにも成功した。しかしベネフィットの増加とコストの低下を同時に実現することは，画期的な技術革新が起きたときなどを除くと極めて難しい。そのため，②コストは変えずベネフィットを大きくする，あるいは③ベネフィットを変えずコストを下げる，どちらか一方に修正を加える方法がとられる。前者の例には，増量やノベルティ（おまけ）の付与といったセールス・プロモーションや，家電品や消費財などでみられる，好ましい機能を追加するマイナーチェンジといった製品政策を行うことで，ベネフィットの増加を実現する。後者の例には，値引きやクーポンの提供によって金銭的コストを下げたり，配送サービスを提供することで肉体的・時間的コストを下げたりすることが考えられる。

　また，④コストは大きくなるがベネフィットをそれ以上に大きくする

方法がある。多くの企業が製品の性能やサービスの品質を向上させ，同時に価格を上げたプレミアム製品を展開しているが，最たる例である。顧客が価格上昇以上に付加された機能やサービスを高く評価すると顧客価値は高まる。最後は，⑤ベネフィットを小さくしそれ以上にコストを小さくする方法である。企業は顧客価値を高めるときベネフィットを大きくすることに意識を向けがちであるが，主要な機能やサービス以外をそぎ落とし価格を低下するといった方法も効果的である。なぜなら今日の高度化した情報機器や家電製品などを使いこなせず，機能疲労を感じる消費者が少なくないからである。スチームオーブンや自動調理機能を備えた高価なオーブンレンジが家電メーカー各社から発売される一方で，レンジ機能に絞った手ごろな商品にも需要がある。シンプル・スマートフォンや100円ショップの商品が支持を得ていることからもその効果を理解することができるだろう。

（5）顧客満足

　顧客の維持は，自社製品を顧客が一度ならず反復購買することで実現する。製品に満足をしていない顧客が再び購買することは期待できず，顧客の維持の実現には「顧客満足（Customer Satisfaction）」の獲得と向上が必須となる。高い顧客満足は再購買だけでなく，好ましいクチコミ行動や他者への推奨行動の確率を高め，企業に対するロイヤルティを醸成する。多くの企業が経営の主要な目標に顧客満足を掲げているのはそのためである。

　顧客満足の大きさを決定づけるのは，顧客が製品やサービスに感じる製品パフォーマンスであることはいうまでもない。しかし，顧客が製品パフォーマンスに高い価値を感じたとしても，それが必ず顧客満足につながるとは限らない。なぜなら，期待不一致モデルによれば，顧客満足

度は購入あるいは使用前に抱いていた期待と，購入あるいは使用後に知覚した製品パフォーマンスとの差によって決まるからである。実際に利用し感じた製品パフォーマンスが，事前に期待していた製品パフォーマンスを上回れば，顧客は満足を感じるが，知覚パフォーマンスと期待が同程度であれば平凡な印象に留まり，下回る場合には不満を感じるというのだ。さらに大きな不一致が生じた場合，プラスであれば満足より強い感情状態である顧客歓喜（Customer Delight）を抱き，マイナスであれば不満より強い感情状態である憤りを持つと考えられている。

　期待不一致モデルは，企業が期待を適正にコントロールすることの重要性を示している。例えば，製品パフォーマンスが高くても過度な期待を抱かせるようなマーケティング・コミュニケーションを行っていると，顧客満足を得にくくなる。過度な期待を抱かせないようコントロールすることが重要である。かといって期待しない製品を顧客は購買しようとは思わない。また期待を高めることの利点を「期待効果」が示している。期待効果とは，期待が直接満足度に影響することをいう。強いブランドの製品，あるいはパッケージや広告が魅力的な製品に顧客は高い期待を持つようになるが，そうした期待がパフォーマンスの知覚にプラスの影響を与える。こうした効果は，製品の評価がしにくい場合に表れると言われている。製品タイプによって異なる期待コントロールの留意点を考慮する必要がある。

（6）顧客維持

　顧客満足の研究は，顧客の不満を解消し満足に結びつける方法を議論することから始まった。しかし製品間競争の激しい今日において，最低限のパフォーマンスしか提供できない製品は淘汰され，市場から退場している。顧客満足レベルは全体的に上がっている。そうした中，中長期

的な視点で顧客との関係をマネジメントしようとする動きが強まっている。

　現在のような成熟市場において，新市場の創造やシェアの拡大を実現させることは容易ではなく，大きな投資ロスを生む危険をはらんでいる。一方で，既存顧客の維持を目的とする施策は確実な利益につながり，効率的であるため，企業が顧客と協調的で長期継続的な関係を構築することの重要度が増している。

4. マーケティング・マネジメントのプロセス

　マーケティングの目的を達成するためのプロセスを図 1-2 に示す。「目標の明確化―環境分析」「計画の策定①― STP」「計画の策定②―マーケティング・ミックス」「計画の実行」「計画の統制」の 5 つのステップでマーケティングは実行される。

　マーケティングの目標を設定するため，第 1 ステップでは，自社の経営理念やドメインに照らして自社が取り組むべき目標や事業を明確化することや（第 2 章），自らを取り巻く外部の環境や自らの内部の環境を分析することを通して（第 3 章），市場が求める価値を明らかにする。マーケティングの実践において，顧客のニーズやウォンツが戦略の中心に据えられることはすでに述べたとおりである。マーケティングにおいて消費者および消費者行動はどのように理解されているのか，また消費者理解のためにとられる多様なマーケティング・リサーチについては，第 4 章・第 5 章で学ぶ。

　第 2 ステップでは，マーケティング目標を達成するため，自らが対象とすべき市場，言い換えると顧客集団を選択する。そのために同一の顧客ニーズを持つ市場に細分化し（セグメンテーション），自社が標的とする市場を決定し（ターゲティング），標的市場において他社製品と差

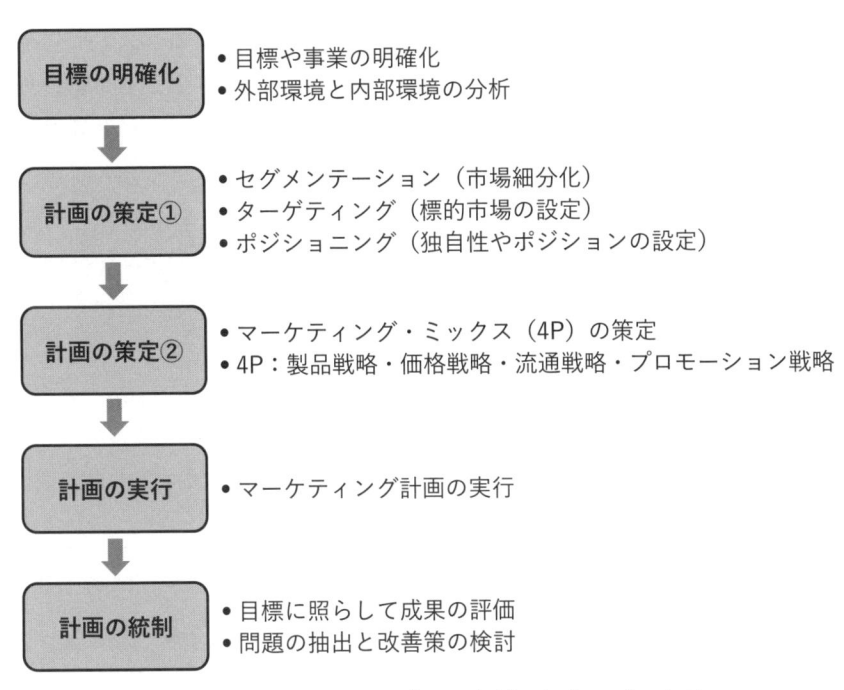

図1-2　マーケティング・マネジメント・プロセス

別化するために自社製品の独自性やポジションを設定する（ポジショニング）。詳しくは第6章で解説する。

　第3ステップ・第4ステップでは，マーケティング・ミックスという枠組みを用いてマーケティング計画が策定され，それが実行される。マーケティング・ミックスでは，「マーケティングの4P」と呼ばれる製品（product），価格（price），流通（place），プロモーション（promotion）の政策が検討される（第7章から第13章）。その際，本章で解説したようにマーケティング志向を基本コンセプトとして検討・実行されることになる。

26

　第5ステップは，マーケティング計画の統制である。マーケティングの成果を目標に照らして評価し，次の活動計画に反映させる。問題がある場合には原因を究明し改善策が検討される。マーケティングの目標は顧客の維持・拡大を図り企業の成長を実現し，持続可能な社会の創造に貢献することである。その点を踏まえると，第14章で学ぶ顧客との関係構築や，第15章で学ぶ持続可能な社会の創造に向けたマーケティングについて理解を深めることの重要性が理解できるだろう。

学習課題

1．今日，多くの消費者が有している具体的なニーズを1つ取り上げ，それを充たす多様なウォンツをできるだけ多く考えてみよう。
2．みなさんが知っている製品やサービス1つを取り上げ，顧客価値を高める方法を5つのアプローチを用いて考えてみよう。

参考文献

- 恩藏直人（2019）『マーケティング〔第2版〕』日本経済新聞出版。
- フィリップ・コトラー，ゲイリー・アームストロング，恩藏直人（2014）『コトラー，アームストロング，恩藏のマーケティング原理』丸善出版。
- フィリップ・コトラー，ゲイリー・アームストロング，マーク・オリバー・オプレスニク（2022）『コトラーのマーケティング入門〔原書14版〕』丸善出版。
- 和田充夫・恩藏直人・三浦俊彦（2022）『マーケティング戦略〔第6版〕』有斐閣。

2 | 戦略的マーケティング

石井裕明

《目標＆ポイント》　適切なマーケティング戦略を構築するためには，企業全体の方針や事業の位置づけを理解する必要がある。本章では，マーケティング戦略の構築に影響を及ぼす企業戦略や事業戦略の考え方を学んでいく。各事業への資源配分や成長に向けたフレームワークを確認したうえで，事業が利益を獲得するための基本戦略について学習する。さらに，競争地位別の戦略を理解することで，具体的なマーケティング戦略に関わる各概念を学ぶ上での基礎知識を固めていく。

《キーワード》　企業ミッション，企業ドメイン，ポートフォリオ分析，アンゾフの成長マトリックス，基本戦略，競争地位別戦略

1. 企業の進む方向性

（1）戦略の３つのレベル

「なにをしないのか決めるのは，なにをするのか決めるのと同じくらい大事だ」──アップルの元 CEO であるスティーブ・ジョブズの伝記に残されている同氏の言葉である。企業の資源は有限であり，同時に採用することができる選択肢は限られる。したがって，マーケティング担当者には複数の選択肢の中から最適な選択肢を選ぶことが求められる。マーケティングがすべきでないことを考えるうえでは，特定の製品やサービスのマーケティング戦略が企業全体の戦略の一部であることをあらためて理解しておかなくてはならない。

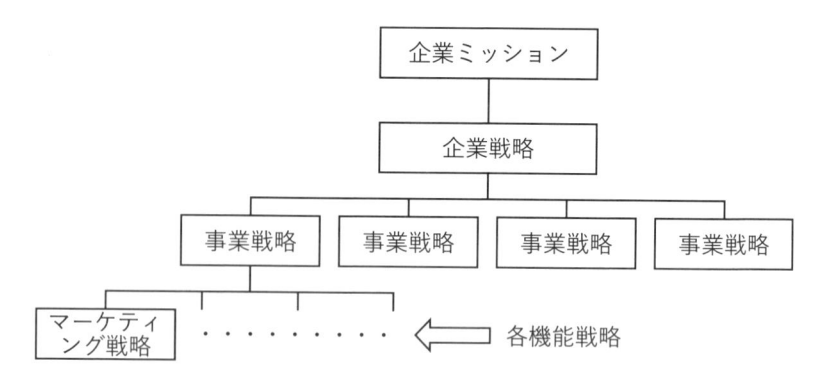

図2-1 戦略のレベル
出所：和田，恩藏，三浦（2022），p.54，図2-3を参考に作成

　企業の戦略のレベルを整理すると，企業戦略，事業戦略，機能戦略の３つのレベルに整理することができる（**図2-1**）。企業が展開しているのは，１つの事業とは限らない。複数の事業を展開している場合には，企業全体としての方向性を検討する企業戦略が重要になる。もちろんそれぞれの事業の成功なしには，企業が利益を上げることはできない。事業戦略のレベルでは，それぞれの事業を１つの単位として進むべき方向性が決定される。定められた事業戦略を実現するためには，事業の各機能を司る機能戦略も重要になる。マーケティング戦略が機能戦略の１つであることを踏まえれば，事業戦略や企業戦略を実現するために策定されていることが分かるだろう。

（2）企業ミッション

　企業がどのような事業を展開するべきか，あるいは展開しないべきかを検討する上では，それぞれの企業が掲げる使命や存在意義に照らして判断されることになる。こうした使命や存在意義は，**企業ミッション**と

呼ばれる。例えば，Google は「世界中の情報を整理し，世界中の人がアクセスできて使えるようにすること」を使命とし，Meta は「コミュニティづくりを応援し，人と人がより身近になる世界を実現します」というミッションを掲げている。

　一般的に，創業して間もない規模の小さな企業であれば，創業者の思いが共有されやすく，明文化しなくても多くの従業員にミッションが浸透しやすい。しかしながら，企業規模が大きくなり，様々な従業員が参加するようになると，メンバー間でミッションに対する理解にズレが生じやすくなる。こうした事態に対応するため，ミッション・ステートメントとして明文化し，組織の構成員が同じ目標に向かって力を合わせることができるようにしなくてはならない。

　優れたミッション・ステートメントの特徴には，①特定の目標への絞り込み，②企業の大方針や価値観の強調，③企業が狙うべき主要な市場の定義，④長期的な視点，⑤簡潔で記憶に残る意味性，という 5 つの特徴があることが指摘されている。①や③の特徴を踏まえると，企業のマーケティング戦略は，ミッションに規定された市場において，ミッションに規定された目標を達成するために展開されることが分かるはずである。ミッション・ステートメントは長期にわたって保持できるものが望ましいが，時代や市場環境の変化によって変更すべき場合もあるため，自社の存在意義を絶えず問い直す努力も求められる。

　日本企業においては，経営理念やビジョンの中に企業の社会的な存在意義が示されていることも多い。経営理念は企業にとっての重要な価値基準，ビジョンは企業が到達したいと考える望ましい将来像として捉えられるが，実際の使われ方を念頭に置くと，両者とミッションとを厳密に区別することは難しい。ただし，経営理念やビジョンとして掲げられているものの中には，特定の目標への絞り込みや市場の定義において具

体性に欠けるものもあり，ミッションとしての役割を果たしうるかには注意が必要である。

　近年では，持続可能な発展に向け，企業ミッションに加えて，各ブランドの使命や存在意義を意味するブランド・パーパスが掲げられるようになってきた。企業レベルで掲げられている企業ミッションとブランド・レベルで掲げられているブランド・パーパスが整合しているかにも注意する必要がある。

（3）企業ドメインの設定

　企業ミッションが策定されると，自ずと自社の事業の範囲が明らかになってくるはずである。こうした自社の生存領域のことを**企業ドメイン**と呼ぶ。第1章で学んだマーケティング・マイオピアに陥らないためにも，企業ドメインは顧客ニーズによって定義されなくてはならない。その一方で，顧客ニーズに基づく定義のみだと範囲が広くなりすぎてしまい，具体性に欠けることがある。そのため，対応すべき顧客ニーズの内容（What）だけでなく，誰（Who）の顧客ニーズをどのような方法で（How）満たすのか，という3つの視点から捉えることが推奨されている。

2．事業への資源配分

　企業ミッションや企業ドメインの策定によって，企業としてどのような事業を展開するのかの方向性を定められる。ただし，経営資源には限りがあるため，もし複数の事業を展開する場合には，どの事業に重点的に資源を配分すべきかを検討しなくてはならない。そうした際に用いられるのが**ポートフォリオ分析**といわれるものである。ポートフォリオの元々の意味は「書類入れ」のことで，投資家が全体のバランスを考えな

がら複数の投資証券を分類して書類入れに入れる様子をイメージすると良い。経営学やマーケティングにおいても，全体のバランスを考えた資源配分の検討をポートフォリオ分析と呼んでいる。ここでは，ポートフォリオ分析の中でも最も代表的なボストン・コンサルティング・グループ（BCG）によって開発された分析方法を説明していく。

　BCG のポートフォリオ分析においては，市場成長率と相対市場シェアからそれぞれの事業を評価する（**図 2-2**）。市場成長率は，事業が属する市場の魅力度を示し，相対市場シェアは，市場における自社の事業の強さを示している。つまり，BCG のポートフォリオ分析では，市場の魅力度と市場における強さから事業に対する資源配分が検討される。なお，BCG のポートフォリオ分析では，単純な市場シェアではなく，競合他社と比較して算出される相対市場シェアが用いられる点には注意が必要である。

　市場成長率も相対市場シェアも高い事業は，「スター」と呼ばれる。魅力度の高い市場において強さを発揮するスターは好ましい事業として捉えられるものの，事業のさらなる成長を促すため，多額の追加投資が必要な場合が多い。

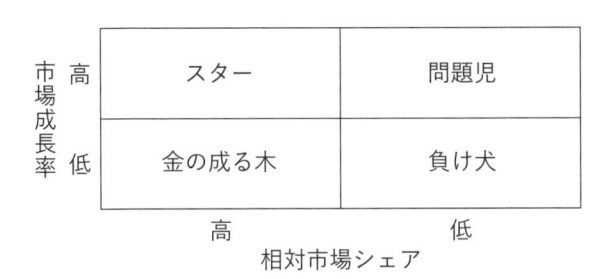

図 2-2　BCG のポートフォリオ分析
出所：Hedley（1977），p.10 を一部修正

　市場成長率が低く，相対市場シェアが高い事業は「金の成る木」である。すでに市場が安定していながら，強い競争力を発揮できる事業であるため，積極的な投資を行わなくとも高い市場シェアを維持することが可能であり，資金を獲得しやすい事業として捉えられる。したがって，金の成る木によって獲得した資金を他の事業への投資に回すことで企業全体としての成長を促すことができる。

　市場成長率が高い一方で，相対市場シェアが低い事業は，「問題児」と呼ばれている。問題児においては，市場の魅力度は高いものの，自社の事業は不利な立場にある。新規事業は，問題児から始まる場合が多いが，問題児への資源配分では，慎重な意思決定を下す必要がある。相対市場シェアを拡大できる見込みがあり，市場が安定的になった際に金の成る木とすることができるのであれば，積極的な追加投資によりスター事業への移行を目指すべきである。その一方，市場が安定的になった際に負け犬となってしまう見込みなのであれば，追加投資を行わずに可能な限り利益を絞り出したり，場合によっては撤退を検討したりしなくてはならない。

　「負け犬」においては，市場の魅力度も低く自社の立場も弱いため，大きな利益が望めないことが多い。そのため，事業の撤退も視野に入れる必要がある。

　ポートフォリオ分析からは，金の成る木において資金を獲得し，スターや問題児へと資金を投入することで企業の成長を導いていくという流れが見出される。また，スターや問題児が順調に成長し，市場が安定した際に新たな金の成る木とすることができれば，さらなる投資も可能になるであろう。このようにポートフォリオ分析からは，事業への資源配分に有益な示唆が得られる。

　その一方で，事業と市場をどのように定義するかによってポートフォ

リオの形が変化する点には注意が必要である。例えば，牛乳やヨーグルトなどの乳製品を展開している企業が，牛乳を独立した事業として捉えるのか，牛乳を乳製品事業に含めて考えるのかによって，ポートフォリオでの分析結果が変わってくるはずである。また，ポートフォリオにおいては，個別の事業のみに注目されている点にも注意しなくてはならない。複数事業間の相乗効果などが考慮されていないため，負け犬に分類された事業が他の事業の基盤となっているケースも生じる。こうした限界を考慮しながら，自社に合わせた独自のアプローチを用いる企業も多い。

3. 成長戦略

　ポートフォリオ分析においては，既に展開している事業における資源配分を検討することができるものの，新たなビジネスチャンスを見出すことは難しい。企業を発展させるための方向性として，しばしばアンゾフの成長マトリックスと呼ばれる考え方が用いられる。**アンゾフの成長マトリックス**では，製品と市場がそれぞれ新規か既存かによって，4つの方針が提示されている（**図2-3**）。

　既存市場に対して既存製品で対応しようという考え方は「市場浸透」

	既存製品	新製品
既存市場	市場浸透	製品開発
新市場	市場開拓	多角化

図2-3　アンゾフの成長マトリックス
出所：アンゾフ（1969），p.137を一部修正

と呼ばれる。市場浸透を実現するための1つの方針は，顧客層の拡大である。例えば，「ポカリスエット」は，大勢の中高生が一糸乱れぬダンスをするCMなどにより，10代の購入率を引き上げた。これまでポカリスエットを購入していなかった顧客層の需要を掘り起こしたと考えられる。使用機会の拡大も有効である。ポカリスエットでは，「ポカリ，のまなきゃ。」というコピーとともに，冬の乾燥対策の一環としての飲用も訴えている。こうした既存の事業の強化も企業の成長に寄与することができる。

事業の拡大により，成長を目指す上では，既存製品を新市場に投入する「市場開拓」も選択肢となる。インドネシアにおいてポカリスエットはラマダン明けに飲む飲料として一定の地位を獲得している。こうした展開は，海外市場という新市場に既存製品を展開した市場開拓の結果として捉えられる。市場開拓は，地理的に新しい市場というだけではなく，女性向けに展開していた化粧品を男性市場へと展開するなど，新たなターゲットの獲得が目指されることもある。

「製品開発」は，その名のとおり，新製品を既存市場に投入する考え方である。多くの企業は，新製品の投入や既存製品の改良により，消費者の支持を得ようとしのぎを削っている。例えば，「iPhone」は毎年のように機能が追加されたり，進化したりした新モデルを発売している。既存製品の改良が大きなヒットをもたらすこともある。「プリウス」が日本において爆発的に広まったのは，初代の発売時でなく，3代目の発売時であったといわれている。製品改良によって実現したさらなる燃費の良さと消費者に受け入れられやすい価格が実現したためと考えられる。

新製品の新市場への投入は「多角化」として位置づけられる。多角化では全く新たな事業に乗り出すこととなる。当時は写真フィルムが主力

事業であった富士フィルムは，化粧品市場に「アスタリフト」というブランドを掲げて参入した。祖業である写真フィルム市場が大幅に縮小しても，いまだに富士フィルムが我が国を代表する企業の1つである背景には，多角化によって企業を力強く成長させてきた点があるといえよう。ただし，市場に関しても製品に関しても知識や経験の乏しい事業に乗り出す多角化には大きなリスクが伴う。技術に関連性が高かったり，顧客に共通性があってブランドを活用できたりするなど，自社の資源を有効活用できる多角化のほうが成功しやすい。

4. 基本戦略

　ポートフォリオ分析やアンゾフの成長マトリックスを検討することで，企業全体としての各事業の位置づけが定まったら，今度は，それぞれの事業における方針を検討し，事業戦略を定める必要がある。ポーターは，事業が持続的な競争優位を確立するための**基本戦略**を類型化している。ここで競争優位とは，業界平均以上の利益率を獲得していることを意味する。

　基本戦略を理解するには，あらためて利益の構造を理解しておくことが望ましい。利益は，販売数量と価格を掛け合わせた売上からそれらにかかったコストを差し引くことで生じる。したがって，業界平均以上の利益率を獲得するためには，販売数量や価格を向上させるか，コストを低下させることが必要になる。

　基本戦略の考え方において，販売数量や価格の向上は，「差別化戦略」によって実現されると考えられている。差別化とは，独自の魅力を提供し，競合他社との間に顧客にとって意味ある違いを創出することを意味している。差別化を実現する要因は，機能や品質はもちろん，ブランド・イメージや顧客サービスなど多様である。顧客ニーズに合致した差別

化を実現することができれば，顧客は一定の価格差があっても許容することが多い。したがって，差別化が実現できれば，企業は価格競争に加わらずに多くの支持を集めることが可能になるのである。第3章で学ぶVRIO フレームワークでも触れるが，競合他社による模倣が困難な差別化要因は，長期にわたる競争優位をもたらすことになる。

　コストの低減を目指す考え方は，「コスト・リーダーシップ戦略」と呼ばれる。コスト・リーダーシップ戦略を採用する企業では，大量生産による規模の経済性を発揮させたり，コスト面に優れた原材料を採用したりするなどして，あらゆる側面でのコスト削減が目指される。コスト面で優位に立つことができれば，低価格を実現することで大きな市場シェアを獲得しやすい。また，同一の価格での展開であっても，競合他社よりも多くの利益を獲得することができるようになる。ただし，競合他社に比べて品質が低下してしまえば，顧客の支持を得ることはできなくなってしまうため，コスト・リーダーシップの考え方は，あくまで同一水準以上の品質を他社以上の低コストで実現するものと捉えるべきである。また，差別化戦略は特定の業界において複数の企業が実現できるものの，コスト・リーダーシップ戦略は1つの企業しか実現することができない。

　ポーターは，差別化戦略やコスト・リーダーシップ戦略を特定の市場セグメントにおいて展開する「集中戦略」の有効性も指摘している。しばしば市場には，業界全体の平均的なニーズとは異なる特徴的なニーズを有する小さなセグメントが存在する。そのようなセグメントのニーズに適切に対応できると，当該顧客からの熱烈な支持を獲得し，収益性の高い事業を展開できる可能性が高くなる。差別化戦略やコスト・リーダーシップ戦略が市場シェアの拡大に注目しているのに対し，集中戦略では高収益を狙う点に特徴がある。

5.　競争地位別戦略

　どのような事業戦略を採用するかにおいては，各事業の競争上の地位によっても大きく左右される。一般的に，最大シェアを誇る企業である「リーダー」，リーダーに競争を仕掛ける企業である「チャレンジャー」，リーダーに追随する企業である「フォロワー」，特定のサブ市場に強みを有する企業である「ニッチャー」の4つに分類されて捉えられる。こうした競争地位別の戦略定石も指摘されている（**表 2-1**）。

　市場において最大シェアを誇るリーダーの戦略定石は，市場の拡大である。リーダーは最大のシェアを有しているからこそ，市場が拡大した場合には最も恩恵を受けることとなる。タイヤメーカーのミシュランがレストランのガイドブックを出版したのは，消費者が遠くのレストランにまで出かけることになれば，タイヤを消耗するため，市場が拡大すると考えたためである。

　もちろん，リーダーであっても，他社の動向には注意しなくてはならない。リーダーに競争を仕掛けるチャレンジャーは，多くの場合，差別化戦略を採用する。こうした差別化戦略に対する対応として有効なのが同質化戦略である。同質化戦略とは，差別化をしかける企業の模倣をす

表 2-1　競争地位別戦略

	特徴	主なマーケティング行動	戦略方針
リーダー	最大市場シェア	市場の拡大	他社に対する同質化
チャレンジャー	リーダーに迫る地位	リーダーとの勝負	リーダーとの差別化
フォロワー	低い市場シェア	大手企業への追随	模倣によるコスト節約
ニッチャー	サブ市場のリーダー	大手企業との競争回避	ニーズへの適応

出所：恩藏（2019），p.96，図表 2-8 を一部修正

ることで，その差別性や優位性を打ち消そうという戦略である。近年の市場を見てみても，チャレンジャーによるヒット商品が生み出された場合に，リーダーが類似した商品を展開する様子はしばしば見られるはずである。リーダーは知名度も高く，幅広いチャネルも有していることが多いため，同質化戦略によってリーダーのほうが多くの売上を獲得することも珍しくない。

　チャレンジャーは，シェアを拡大することで，リーダーになることを目指す。リーダーに対して勝負を挑むことになるが，一般的に，市場シェアが大きく，経営資源に勝るリーダーに対して正面から勝負を仕掛けるのは得策ではない。リーダーが放置している市場や顧客ニーズなどに注目した差別化戦略が有効であると考えられている。その際，重要になるのは，リーダーに容易に模倣されないことである。例えば，チャレンジャーがコンパクトヘッドの歯ブラシを展開した場合，リーダー企業がハミガキ市場においても大きな売上を有していると，コンパクトヘッド歯ブラシの普及はハミガキの売上低下につながってしまうため，安易に模倣することができなくなる。このように，リーダーにとって同質化が困難な差別化戦略を打ち出すことができると有効である。

　リーダーに追随するフォロワーの場合，リーダーやチャレンジャーの模倣が主な方針となる。リーダーやチャレンジャーに勝負を挑むわけではないため，市場シェアを大きく拡大することは難しかったとしても，開発費用を負担せずに効率的に利益を確保することで事業を継続することが可能になる。そのため，低価格戦略が採用されることも多い。ただし，低価格戦略によって多くのシェアを獲得すると，リーダーやチャレンジャーからの攻撃を受ける可能性がある点には注意しなくてはならない。上位企業との距離感を保ちながら，ビジネスを展開するバランスが重要になる。

ニッチャーは，基本戦略で取り上げた集中戦略を採用し，リーダーやチャレンジャーが見落としているサブ市場でのリーダーとなることで，熾烈な競争の回避を目指す。特定の小さな市場に焦点を絞ることにより，顧客を深く理解し，それに対応した製品を作り出すことが可能になる。そのため，ニッチャーにおいては，顧客からの厚い支持を獲得し，他の製品に比べても高価格が受け入れられやすい。ニッチャーは，対象市場においてリーダー企業として君臨するため，同市場にリーダーの戦略定石を適応することが有効である。しかしながら，ニッチ市場を拡大しようとしてリーダーやチャレンジャーが対象としているマス市場と区別がつかなくなると，焦点が曖昧になり，競争力を失ってしまう。

6. 企業とマーケティング

ここまで，マーケティングを全社戦略や事業戦略によって規定される機能戦略として取り上げてきたが，企業や組織が優れたマーケティングを実現するためには，組織全体にマーケティングの考え方が浸透していることが重要になる。ヒューレット・パッカードの創業者の一人であるデビッド・パッカードが残した「マーケティングはあまりに重要なので，マーケティング部門だけに任せておけない」という言葉は，マーケティング部門だけでなく，組織全体としてマーケティングの考え方が浸透していることの重要性を示している。

実際のマーケティング施策を展開していく上では，様々な部門が関わることになるため，顧客は各部門の担当者と接しながら企業や製品に対する評価を下していく。各部門がマーケティングの考え方を理解し，顧客価値の実現に向けて取り組んでいるという意識を強く持たなければ，顧客からの高い評価や厚い支持を獲得することは難しくなる。

実際，これまでの研究から，第1章で取り上げたマーケティング志向

の実践度を測定するには，顧客の重視度や市場情報に対する適切な反応の程度だけでなく，部門横断的な市場情報の普及や部門間の調整の程度を把握する必要が指摘されている。企業の方針や他部門の存在を制約条件として捉えるだけでなく，マーケティング担当者には，全社的にマーケティングへの理解を得ていく努力が求められているといえるだろう。

学習課題

1．いくつかの企業のミッションを調べ，本文で取り上げた5つの特徴が実現できているかを評価してみよう。
2．企業が展開している事業に注目し，市場成長率と相対市場シェアからポートフォリオ分析のいずれに分類できるかを考えてみよう。
3．特定の市場を取り上げ，市場に参入している企業のいくつかをリーダー，チャレンジャー，フォロワー，ニッチャーに整理してみよう。

参考文献

- イゴール・アンゾフ（1969）『企業戦略論』産業能率短期大学出版部。
- 池尾恭一，青木幸弘，南知惠子，井上哲浩（2010）『マーケティング』有斐閣。
- 恩藏直人（2019）『マーケティング〔第 2 版〕』日本経済新聞出版社。
- 恩藏直人，坂下玄哲編（2013）『マーケティングの力―最重要概念・理論枠組み集』有斐閣。
- 久保田進彦，澁谷覚，須永努（2022）『はじめてのマーケティング［新版］』有斐閣。
- 黒岩健一郎，水越康介（2018）『マーケティングをつかむ［新版］』有斐閣。
- フィリップ・コトラー，ゲイリー・アームストロング，恩藏直人（2014）『コトラー，アームストロング，恩藏のマーケティング原理』丸善出版。
- 水越康介（2006）「市場志向に関する諸研究と日本における市場志向と企業成果の関係」『マーケティングジャーナル』26 巻 1 号，pp. 40-55。
- 和田充夫，恩藏直人，三浦俊彦（2022）『マーケティング戦略〔第 6 版〕』有斐閣。
- Hedlery, B. (1977), Strategy and the 'business portfolio.' *Long Range Planning*, 10 (1), 9-15.

3 ｜ 環境分析

安藤和代

《**目標＆ポイント**》 マーケティング戦略の立案・実行に際して，企業は自社を取り巻く環境を内部と外部の2つの視点で分析し，おかれた状況を考慮して，事業や施策の可能性を判断する。本章では環境を分析する際に用いられる代表的な枠組みを学ぶ。
《**キーワード**》 PEST 分析，経営資源，VRIO 分析，5つの競争要因，SWOT 分析

---

1. 企業を取り巻く環境要因

　第2章で述べたとおりビジネスを始めるにあたって，企業は最初に自社の企業理念やミッションを定義する。自社が何のために存在し，何を達成したいのかについて明確に示すもので，経営者や従業員にとっての指針となる。企業理念やミッションが定義されると，それらを達成するために必要な到達点，例えば適切な事業領域を選択し，売上高や利益など具体的な企業目標を設定することになるが，これら意思決定に際して，企業は自社を取り巻くさまざまな環境要因を考慮し，事業の可能性や採用すべき施策を判断する。

　企業を取り巻く環境には，企業が直接コントロールできるものとできないものがある。コントロールできないものには，気候や自然災害などの自然環境や，国や自治体の法律や条例など政治的環境，家族形態や衣食住に対する価値観など社会的環境などがある。これら要因を含め「企

業活動の成否に影響を与える，企業が直接コントロールできない外部の
要因」を経営学では環境と呼ぶ。他方で，企業が直接コントロールでき
るものには，企業が保有し活用できる資産や能力などを意味する経営資
源がある。前者が外部の要因であるのに対して後者は内部の要因である
ことから，前者を**外部環境**，後者を**内部環境**と呼び分けることもある。
本章では企業外部・企業内部の要因を，それぞれ外部環境と内部環境と
よび，以下で評価方法や代表的な分析枠組みを紹介する。

2. 外部環境分析

（1）マクロ環境要因

　外部環境はマクロ環境とミクロ環境に分けられる。自社を取り巻く包
括的な環境であるマクロ環境には「人口動態的環境」「政治的環境」「経
済的環境」「社会的環境」「自然環境」「技術的環境」がある。これらの
うち「政治的環境（Politics）」「経済的環境（Economics）」「社会的環境
（Society）」「技術的環境（Technology）」の4要因に注目しマクロ環境
をとらえようとする分析枠組みは，英語の頭文字から **PEST 分析**と呼
ばれている。それぞれの環境要因の内容を確認してみよう。

　政治的環境で分析されるのは，政治や法律，税制などの観点から企業
活動に影響をもたらす要因である。政権が交代するとそれに伴い重点政
策が変更することがある。そうした変化は特定の企業の活動に追い風に
なる場合もあれば，逆の場合もある。また国や地域が定める法律や条例
も企業の事業戦略に影響をもたらす。例えば，旧百貨店法から大規模小
売店舗法，大規模店舗立地法へと改定されたことで，日本の流通業の出
店戦略は変化してきた。税制の変更，例えば消費税や所得税の税率の変
更は直接的に消費者の購買意欲や行動に影響する。ビール系飲料市場で
は「ビール」「発泡酒」「第3のビール」が販売されている。企業がビー

ルと比べて酒税が低い新しいタイプのビール系飲料を開発し続けた結果であるが，2017年，国税庁はタイプによる酒税の差を段階的に見直し，2026年までに解消することを決定した。3つのタイプのビール飲料の価格差が解消されると消費者の購買行動に変化が生じることが予想され，企業にはそれぞれの位置づけを見直す必要性が生じている。

経済的環境要因には，経済成長率，国民一人当たりのGDP，インフレ・デフレの進行，失業率，為替や金利などがある。経済が成長すると消費者の所得水準が高まり，購買力や購買意欲を高める。金利が低い場合や，デフレよりインフレの場合に，消費者も企業も中長期的な投資に前向きになる。2022年3月に始まった円安傾向は，グローバル企業や輸出産業には好ましい影響をもたらした。トヨタ自動車の2023年度の営業利益は前期比80％増の4.9兆円であった。想定した為替レートを10円以上超える円安となったことが大幅増益の一要因となった。他方で日本の多くの企業が原材料を輸入しており，円安はコスト増の要因となる。事業の運営や利益構造の見直しが迫られる一方で，2023年の夏，幅広い品目の値上げにつながった。

社会的環境要因は，社会や文化，人々の価値観などに関連した要因であり，人口動態的環境（国や地域別の人口分布，人口構成比，出世率など），社会規範，世論や社会意識，生活慣習，文化，ライフスタイルなどさまざまな要因が含まれる。Covid-19（新型コロナウイルス）感染症拡大により世界中の人々が長い在宅生活を余儀なくされた。その結果，人々の働き方や生活価値観にまつわる意識や行動が変化し，これまでは考えられなかったような新しいニーズが顕在化する可能性がある。例えば，マスク生活が解禁されたのちに多くの消費者は見た目を整えることに対する意識を高めた。その結果，女性のメイクアップ化粧品や男性の基礎化粧品の売上が増加した。化粧品メーカーでは，女性と比較して鏡

を見ることが少なかった男性がオンライン会議の画面を通して自分を直視する機会が増えたため，見た目を整えることへの関心が高まったと推測し，男性向けの化粧品を強化している。

　人口動態的環境は，人口，年齢や性別，世帯の構成などの属性を指している。2021 年に実施された調査結果をまとめた総務省統計局「日本の統計 2023」によれば，65 歳以上の高齢者数は約 3600 万人，全体の 28.9% を占める。また 2020 年国勢調査の結果では，単独世帯数は 2 人以上世帯より多い 2115 万軒となり，全世帯の 38% を占める。高齢者の増加や生活形態の変化は，企業にこれまでとは異なる事業の展開を求めたり，新たな事業の機会をもたらしたりする。1 人利用を前提としたサービスや商品の見直しは始まっているし，高齢者が利用しやすいサービスや製品は，どの世代にも利用しやすいユニバーサルデザインの商品として広く展開されている。こうした取り組みが受け入れられやすい土壌ができている。

　技術的環境要因では，新技術の開発や既存技術の改善，それらの普及が企業に与える要因や影響が分析される。例えば，人工知能や IoT（Internet of Things），脱炭素化に向けた次世代技術といった分野では目まぐるしい速度で技術開発が行われている。そうした技術はさまざまな業界でイノベーションを引き起こす可能性があるが，同時に，大きな見直しを迫られる場合もある。

　企業を取り巻く環境要因は極めて範囲が広く動態的であるため，すべての要因を正確に，また包括的に把握することは不可能に近い。しかし，マクロ環境の変化は企業に大きな事業機会や脅威をもたらすことが多いため，定期的な分析が望ましい。また海外のマクロ環境は自国と大きく異なることが多いため，現地に合わせた PEST 分析を行うことが必要である。

（2）ミクロ環境要因

　ミクロ環境分析では，すでに事業を展開している，あるいは新規に参入を検討する特定の業界に注目し，取引企業や競合企業，顧客などを分析することで，自社にとっての競争の厳しさや収益性の高さを判断し，当該業界の魅力度を評価する。

　業界の魅力度を判断するために広く用いられる分析枠組みに，マイケル・ポーターが提唱した5つの競争要因がある（図3-1）。業界の競争は，競争業者，買い手（顧客），売り手（供給業者），新規参入業者，代替品といった要因で決まる。各要因からの圧力がどの程度強いのかによって異なる影響があり，業界の魅力度に差が生まれる。各要因からの圧力が弱い業界が，企業にとって魅力度の高い業界ということができる。

　第1の要因は，**競争業者**である。競争関係にある企業の数が多く，ま

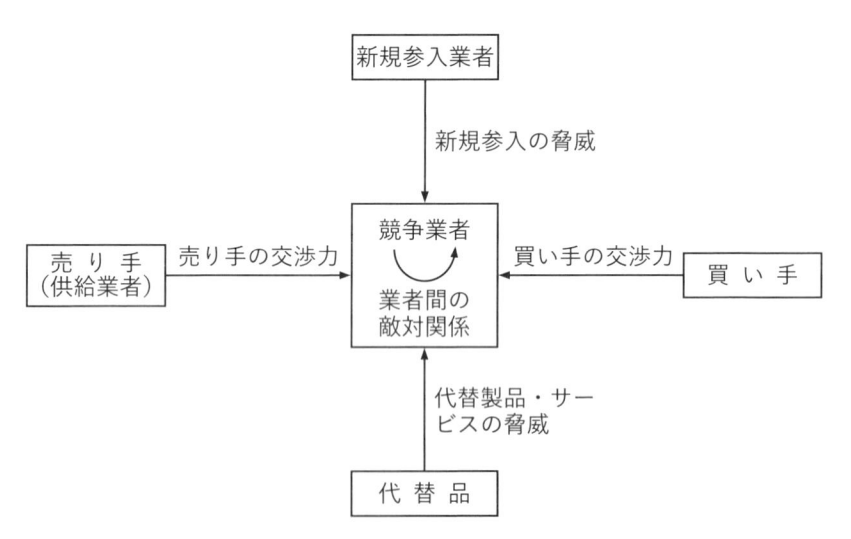

図3-1　業界の収益性を決める5つの競争要因
出所：ポーター（1985），p.8

た提供する製品やサービスが同質的である場合に競争は激化し，企業の収益性を低下させる。なぜなら，ライバルに勝つために競争企業間で価格競争やプロモーション競争が激化する可能性が高いからである。中でも市場の拡大が止まり成熟した業界にこうした傾向が強くなる。他方で，市場が寡占状態になるとリーダー企業が圧倒的な力を持つので，一般的には業者間の激しい敵対関係は起こりにくい。言い換えると，上位企業への集中度が高いほど，業者間の激しい競争は生じにくい。（便器等を製造する）衛生陶器市場は上位2社でおよそ80％のシェアを占めている。清涼飲料水市場では上位2社でおよそ50％のシェアを，他方で国内ホテル業界に目を向けると上位2社で17％のシェアにとどまる。これらを比較するとき，集中度が低いほど業者間の敵対関係が激しいものになる。

　第2の要因は，**新規参入業者**である。収益性が高い業界であるならば，新たな企業が参入を試みる可能性は高まる。しかし参入の容易さは業界により異なるため，必ずしも参入に直結するとは限らない。規模の経済性が大きい，必要とする投資額が大きい，販売チャネルの確保や特殊な技術を必要とする，業界規制がある，といった特徴を持つ業界は参入の障壁が高く，新規参入の脅威は低い。

　第1の要因で取り上げた衛生陶器を作るためには，皿や湯呑みと比較して圧倒的に大きな陶器を大量に，同じ規格や品質で製造するための技術や設備が必要となる。また建設施工会社を中心とする販路チャネルを構築していることなども高い障壁となる。これら要因が特定企業に集中する結果をもたらしている。

　第3の要因は，**売り手**である。自社製品の生産に必要な原材料部品などが希少である場合，供給先である売り手の交渉力が高くなる。売り手の交渉力が高い場合には当該企業が価格をコントロールすることが難し

く，売り手からの値上げ要求に応じざるを得なくなる。

　第4の要因は，**買い手**である。BtoB（Business to Business）のビジネスなら企業，BtoC（Business to Consumer）のビジネスなら消費者が買い手となる。買い手の規模が大きい場合や，特定の買い手が当該企業の売上の多くを占めている場合には，買い手の交渉力が高くなる。その結果，値引きや販売促進策の実施を求められやすく，当該企業の収益率を低める要因となりうる。また，第5の要因である**代替品**が存在する場合にも，交渉力は低下する。代替品とは，同じニーズをみたす製品やサービスのことである。例えば，新幹線の路線拡張，飛行機の新路線就航や増便，あるいは高速バスサービスの充実といった代替品の増加は，移動手段を求める顧客の獲得競争を激化させる。スマートフォンに時計やカメラ，地図，カーナビゲーションの機能が付加されることは，他の業界に脅威を与えている。代替品のほうが低価格あるいは高機能である場合，代替品の脅威は高まり，同程度の価格設定や機能の強化策が強いられることとなり，結果として業界の収益性並びに魅力の低下につながりやすい。

3. 内部環境分析

（1） VRIO 分析

　内部環境分析では，企業が保有し利用できる経営資源に注目し，同社の強みと弱みを分析する。経営資源とは企業経営に必要とされる手段の総称であり，企業が選択できる事業の幅や展開する事業の優位性は，これら経営資源によって左右する。

　自社の経営資源を評価するための枠組みに **VRIO 分析**がある。VRIO は経済価値（Value），希少性（Rarity），模倣困難性（Inimitability），組織（Organization）の頭文字であり，それぞれの視点で，自社の経営

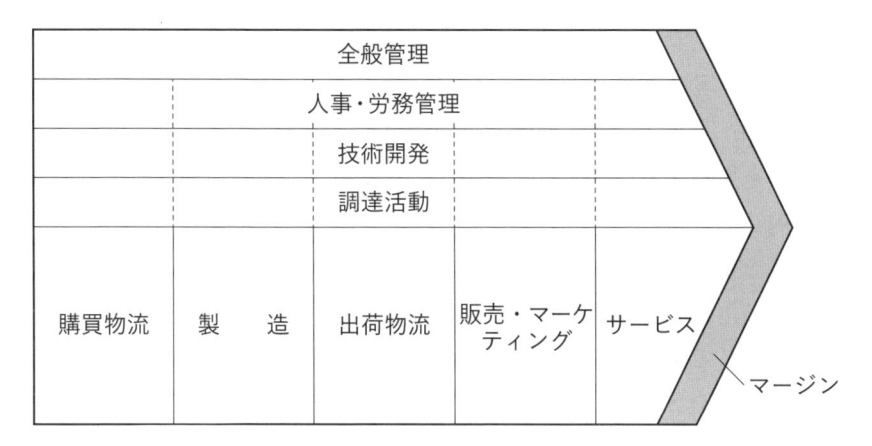

全般管理				
人事・労務管理				
技術開発				
調達活動				
購買物流	製　　造	出荷物流	販売・マーケティング	サービス

マージン

図 3-2　バリューチェーン
出所：ポーター（1985），p.58，図表 2.3 を一部修正

資源が強みになりうるのかを分析し評価する。具体的には次のとおりで
ある。

　経済価値は，外部環境がもたらす機会や脅威に適応し事業目標を達成
しようとするときに，強みとして有効に機能する経営資源を保有してい
るのか，という視点で評価する。経営資源は，人的資源（ヒト），物的
資源（モノ），財務的資源（カネ），情報的資源（情報）の 4 つに分類さ
れる。人的資源は従業員，物的資源は土地や設備，財部的資源は資金を
さしており，情報的資源には技術や特許，ブランド・エクイティ，顧客
情報，営業ノウハウ，企業文化などが含まれる。

　経営資源がどのように経済価値を生み出すのかを理解するためバ
リューチェーン分析が用いられる（**図 3-2**）。業界によって異なる点も
あるが，企業活動を主活動と支援活動の 2 つに分け，さらに細分化し，
それぞれが生み出す価値を分析する枠組みである。主活動とは，購買物
流，製造，出荷物流，販売・マーケティング，サービスの 5 つの活動を

指し，支援活動には全般管理，人事・労務管理，技術開発，調達活動が含まれる。具体的には，全般管理は経営，財務，法務，総務などの組織での活動，人事・労務管理は人事の採用や教育に関する活動，技術開発は製品や製造などに関する技術開発活動であり，調達活動は原材料や部品の調達先の選定や交渉のことをいう。

　商品を生み出すためにかかった総コストより販売総額のほうが高ければ，その差分の価値が生み出されたと考えるが，バリューチェーン分析では，どこで価値が生みだされたのか，自社の強みあるいは弱みはどこにあるのかを分析する。価値の多くが製造部門で生み出されていれば，製造部門に経営資源が多くあり，販売や広告部門で生み出されていれば，販売・マーケティング部門に経営資源が多くあると判断することができる。

　VRIO 分析の２つめの視点は**希少性**，３つめは**模倣困難性**である。VRIO 分析では自社が保有し活用できる経営資源が生み出す経済価値を評価することから始めるが，高い価値を生み出す経営資源と同様の資源を，他の多くの企業もまた保有しているならば，それら資源が競争優位の源泉になるとは考えられない。したがって，自社の価値ある経営資源をどれくらい多くの競合企業が保有しているのだろうか，といった視点で希少性を分析し評価する。さらに，希少性が確認された場合であっても，他の企業が容易に模倣することができたり（直接的な模倣），同様の経済価値を生み出しうる代わりの経営資源を保有していたり（代替による模倣）する場合には，それら資源は一時的な競争優位しかもたらさない。したがって，自社の価値ある経営資源を競合他社が模倣し保有することは困難だろうか，といった視点で模倣困難性を分析し評価する。そして，４つめの視点は**組織**である。優れた経営資源を保有していたとしても，それ自体が価値を生み出すわけではない。それらを活かすこと

ができる組織でなければ強みとして活用することは難しい。組織では，経営資源を十分に活用できる組織体制が整備されているのか，といった視点で評価される。

（2）VRIO 分析の手順と解釈

VRIO 分析では，V から R, I, O の順番にそれぞれの観点で自社の経営資源を分析する。具体的には自社の経営資源は「経済価値があるか（V）」「希少性があるか（R）」「他社の模倣が困難か（I）」,「経営資源を活用できる適切な組織体制か（O）」と問いかけ，「はい」か「いいえ」かで回答することで競争優位性を評価する。**表 3-1** にあるように，自社の経営資源に経済価値がないならば，競争劣位の状態にあり，自社の経営資源が経済価値を保有していたとしても，希少性がなければ他社との競争を優位に運ぶことは難しく，均衡した競争状態に陥る。さらに経済価値や希少性を保有していたとしても模倣困難性のある経営資源でなければ，競争優位性は一時的なものにとどまるし，それさえも，経営資源を活用できる組織体制が整っていることが条件となる。つまり，持続的な競争優位性を獲得するためには，希少性や経済価値が高い経営資源

表 3-1　VRIO フレームワーク

競争資源やケイパビリティの特性

経済価値 (V)	希少性 (R)	模倣 困難性 (I)	適切な 組織体制 (O)	想定される競争優位 （＊：O が Yes の時）	強みか弱みか （＊：O が Yes の時）
No				競争劣位	弱み
Yes	No		Yes/No	競争均衡（＊）	強み（＊）
Yes	Yes	No	Yes/No	一時的競争優位（＊）	強み・企業固有能力（＊）
Yes	Yes	Yes	Yes/No	持続的競争優位（＊）	強み・持続的企業能力（＊）

出所：バーニー，ヘスタリー（2021），p.148，表 3.3 および表 3.4 より作成

が模倣困難であること，さらにその経営資源を活用することができる組織体制が整っていることが求められる。

　では他社の模倣を回避するにはどうすればよいのだろうか。他社の模倣から自社の経営資源を守る法的手段には特許取得がある。また模倣を困難にする要因として，時間圧縮の不経済，経路依存性，因果関係不明性，社会的複雑性があげられる。

　時間圧縮の不経済とは，先発企業が有する経済価値や希少性の高い経営資源の模倣を試みる際，後発企業は先発企業に追いつくための期間を短くすることを目指す。しかし，そのコストが非常に大きい場合にはリターンとの見合いで短期間での模倣を断念することが予想され，模倣困難性が高まる。キャッチアップまでの一定の期間，先発企業が保有する経営資源の競争優位性は高いまま維持される。

　経路依存性とは，企業が保有する経営資源が，創業から今日にいたるまでの企業努力の蓄積によって獲得されたものである場合，短期間での模倣は困難である。わかりやすい例には従業員が有する技術がある。重要文化財の補修に欠かせない 0.02 ミリの極薄の和紙を製造するメーカーには，和紙の原料である楮の繊維から 0.02 ミリを超える不揃いの繊維を指の感覚だけでみつけて取り除くことができる従業員がいる。食品メーカーには，一般人には区別することのできない匂いや味を識別することができる検査員が存在する。彼らの技術は一朝一夕に習得できるものではない。感度の高い従業員に対して時間をかけて育成している。長い歴史の中で培われた経営資源なのである。

　技術のように成果への好ましい影響が明確に説明できる経営資源もあれば，因果関係を理解することが困難な経営資源もある。当事者であっても成功要因となっている経営資源を特定できていない場合，因果関係を解明できていない場合（**因果関係不明性**）や，経済要因の影響が複雑

に絡み合っている場合（**社会複雑性**）などである。原因や因果関係，影響メカニズムが明解でないものを他企業が模倣することは不可能である。

　例えば企業が生み出す製品やサービスには個性がある。革新的，洗練されたデザイン性，信頼性や安心感，ベーシックさ，高コストパフォーマンスなど，製品に共通してみられる特徴である。それら特徴は企業の理念や文化，風土，それらによって作られる従業員の信念や行動規範によって生みだされていることが推測されるが，メカニズムを説明することは容易ではない。企業の理念や文化，風土は人事評価や人事育成システムに影響をもたらし，従業員の行動の基盤となりパフォーマンスに好ましい影響をもたらすことが推測されるが，経営資源との関連性を明確に示すことは難しい。

4. SWOT 分析

　第2節と第3節では外部環境と内部環境の分析の枠組みや方法を解説した。企業の内部と外部の環境を別個に把握するだけでなく，それらを組み合わせて分析し自社の優位性や競争力を理解することで，適切な目標設定や施策立案に結び付けることが可能となる。

　企業の内部と外部の環境要因を組み合わせた分析枠組みに **SWOT 分析**がある。具体的には，同業他社が保有する経営資源と自社のそれとを比較し，自社が優れている**強み**（Strength）や劣っている**弱み**（Weakness）が何であるのかを把握する。また外部環境要因に対して自社の強みや弱みを活かして対応することで，自社の利益や成長への好ましい影響が期待できる**機会**（Opportunity）やマイナスに働く**脅威**（Threat）を明らかにする。4要因の英語の頭文字から SWOT 分析と呼ばれる。

　強みには，優れた技術を持つ従業員や特許，製造システムや需要に対応して安定的に製造できる生産体制，充実した系列店や流通網，顧客がブランドに対して抱く好ましいイメージ，繰り返し購買するロイヤルティの高い固定客などがあげられる。一方，それらを有していない場合は弱みになる。その他には企業や製品の認知度が低い，明確なイメージを持たない，あるいはイメージが好ましくない，脆弱な財務資源，研究開発やプロモーションの予算が少ない，といったことがあげられる。

　SWOT 分析をとおして，企業は事業にとってプラスに働く機会や対応が必要な脅威を把握することになるが，その際に重視される点は企業が保有する強みが最も活用できる機会を見極めることや，弱みを克服し脅威を最小化させる方法を検討することである。例えば新型コロナウイルス感染症の流行期に在宅勤務やリモート会議を導入する企業が増えたことで，オンライン会議に関連するシステムや機器を提供する企業や，自宅での仕事環境を整える際に必要な製品やサービス，例えばノート型パソコンやデスク，照明，ワーキングスペースを提供する企業に機会をもたらした。他方でオフィスやオフィス機器，通勤通学に利用される交通手段，ビジネスウエア，化粧品などの需要が低下し，関連する企業に大きな脅威をもたらした。

　脅威をもたらす状況下で，オフィス機器メーカーのコクヨは，自社の強みである「快適な職場環境にまつわる豊かな知見」を活かしてビジネスを展開した。自宅とオフィスとのハイブリッド勤務を前提にした新たなオフィスのあり方を企業に提案したり，ユニークな在宅用オフィス家具をビジネスパーソンに提案したりすることで，利益につなげることに成功した。同社オフィス部門 2021 年度上半期の売上は過去最高であったという。脅威にもなりえた状況を同社の強みによって機会に転換させた例であろう。

学習課題

1. 具体的な企業を1つとりあげ，外部環境や内部環境を分析してみよう。
2. 課題1の結果を踏まえて，SWOT 分析をしてみよう。
3. 課題2を踏まえて，強みを活かして機会や脅威への対応策を考えてみよう。

参考文献

- ジェイ・B. バーニー，ウィリアム・S. ヘスタリー（2021）『［新版］企業戦略論【上】基本編』ダイヤモンド社。
- 西本章宏・勝又壮太郎（2022）『マーケティング』日本評論社。
- フィリップ・コトラー，ゲイリー・アームストロング，恩藏直人（2014）『コトラー，アームストロング，恩藏のマーケティング原理』丸善出版。
- マイケル・ポーター（1985）『競争優位の戦略』ダイヤモンド社。

4 消費者行動

石井裕明

《目標＆ポイント》 マーケティングにおいて顧客の理解は中心的な課題である。本章では，消費者行動に注目をすることで，顧客に対する理解を深めていく。消費者行動の範囲を確認したうえで，消費者購買意思決定プロセスに沿って消費者を理解するための考え方を学ぶ。その後，カスタマー・ジャーニーやブランド・カテゴライゼーションといった側面から消費者購買意思決定プロセスへの多様なアプローチを検討するとともに，様々な消費者購買意思決定プロセスを学習していく。
《キーワード》 消費者購買意思決定プロセス，知覚，態度，カスタマー・ジャーニー，関与

1. 消費者行動の範囲

マーケティングの本質が顧客ニーズの理解にあるのだとすれば，市場や顧客を正しく理解することがマーケティングには不可欠である。マーケティングが対象とする市場は，大きく分けて2つに分類することができる。1つは，他の組織に対して製品やサービスを提供するために購入する顧客を対象とした生産財市場であり，もう1つは自らの目的のために製品やサービスを購入する個人を対象とした消費者市場である。生産財市場における顧客は企業だけでなく，政府機関やその他の組織も含まれ，消費者市場における顧客は，最終消費者となる。生産財市場で進められる組織購買も極めて重要であるが，ここでは消費者個人による購買

意思決定を取り上げることで，顧客に対する理解を深めていく。

　消費者行動と聞くと，購買や選択の場面を想像しがちであるが，マーケティングが考慮すべき対象はより広範である。一般的に，消費者には3つの側面がある。1つめは，製品やサービスの購買者としての側面である。購買者は製品やサービスの選択に関する意思決定を下すことになるが，必ずしも購買者が製品やサービスを利用するとは限らない。そこで，2つめとして，実際に製品やサービスを利用する使用者としての側面が浮かび上がる。また，購買者や使用者以外が金銭を負担する場合には，3つめの支払者としての側面が生じる。例えば，ギフトの購買では，購買者や支払者と使用者が別の消費者になる。家族における購買や使用を考えてみても，買い物に出かけた人が他の人が使用する製品を購入する場面もしばしば見られるだろう。購買者，使用者，支払者の側面から，購買意思決定に関わる消費者を明確にし，どのようなアプローチをすればよいかを検討しなくてはならない。

　このような3つの側面からも分かるとおり，消費者行動とは，購買，支払，使用に関わる一連のプロセスのことである。

2. 消費者購買意思決定プロセス

　消費者行動が一連のプロセスであることを踏まえれば，そのプロセスを理解することはマーケティングを検討する上で極めて重要になる。**消費者購買意思決定プロセス**は，①問題認識，②情報探索，③選択肢評価，④選択・購買，⑤購買後の行動の5つの段階で整理されることが多い（**図 4-1**）。

（1）問題認識
　消費者購買意思決定プロセスは，問題を認識することから始まる。消

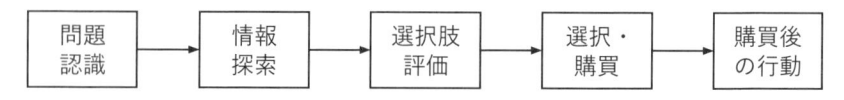

図4−1　購買意思決定プロセス
出所：コトラー，ケラー，チェルネフ（2022），p.109，図3.3を一部修正

　費者が問題を認識するためには，まず自らの理想である目標状態と現実との間にギャップが存在していることに気が付かなくてはならない。食べ物のいい香りが漂ってきて，急に空腹に気が付くという現象は，食べ物の香りをきっかけにして，満腹という目標状態と現実との間のギャップに気が付いたものとして理解できる。企業側は，消費者の理想や目標と現実との間に生じたギャップを訴えることにより，消費者購買意思決定プロセスを開始させることができる。

　ただし，消費者は全てのギャップを問題として認識するわけではない。1つの理由として，閾値の存在が挙げられる。閾値とは，特定の反応を起こすのに最低限必要な刺激量のことである。消費者は，目標状態と現実との間にギャップを感じただけではそれを問題とは認識せず，そのギャップが閾値を超えた際に問題として認識する。マーケティング担当者は，この閾値を理解したうえで目標状態と現実とのギャップを消費者に訴えていく必要がある。また，こうしたギャップが自らにとって解決すべきものと捉えるかどうかも重要である。理想とする目標状態が社会的に望ましいものでなければ，目標状態と現実との間にギャップが生じていたとしても，購買意思決定プロセスが進むことはない。仕事の合間にアルコール飲料を飲むことは社会的に望ましくないため，アルコール飲料が好きな人であっても，仕事の合間に飲むために購買意思決定プロセスを進めることは一般的ではないだろう。

（2）情報探索

　問題を認識した消費者は，購買に向けて情報探索を進めることになる。情報探索は，大きく分けて，自らの記憶や知識から関連した情報を探索する**内的情報探索**と，外部の情報を求めて行われる**外的情報探索**の2つがある。

　通常，消費者は内的情報探索から始める。内的情報探索においては，**記憶**の中から情報を検索することになるため，マーケティング担当者は自社の製品やサービスに関する適切な記憶を構築しておくことが重要となる。通常，以前に製品やサービスを購入した際の経験は，強力な記憶の1つとなる。したがって，以前の経験が好ましければ，その記憶を頼りに購買意思決定が進められる可能性が高まるため，継続的な購買が生じる可能性が高くなる。

　消費者が内的情報探索のみでの問題解決が難しいと考えると，外的情報探索が進められるようになる。近年の市場環境においては，インターネットやスマートフォンの普及により，購入を検討している製品やサービスについて，事前に情報を検索することは当たり前のことになっている。手軽に様々な情報を取得できるようになったことで，これまで以上に消費者の外的情報探索が重要になっていると考えられる。例えば，検索サイトにおいて語句に連動して検索画面に表示されるリスティング広告や，ウェブサイトの内容やキーワードの最適化によって検索時に自社の情報をなるべく上位に表示させる SEO などの手法は，消費者の外的情報探索に対応したものとして捉えられる。

　消費者の外的情報探索を正しく理解するためには，知覚プロセスを把握しておく必要がある。**知覚**とは，消費者が得られた情報に意味づけをするプロセスのことであるが，こうしたプロセスは，消費者の状況や事前の知識等によって大きく異なる。第一に，消費者は情報に対して「選

択的接触」を行う。近年の消費者は，日々，膨大な量の情報に囲まれている。全ての情報を取得することはできないため，消費者は自ら接触する情報を選別することになる。消費者が接触したいと思うような工夫がないと，企業の情報が消費者の目に触れる可能性は著しく低くなる。第二に，「選択的注意」である。消費者は接触している情報の中でも注意を選択的に振り分ける。消費者は自らに必要な情報に対して焦点を当てて，他の情報を遮断することがある。たとえ，消費者が情報に接触していたとしても，注意が向けられていないと消費者が当該情報を取得することはない。文字や音量の大きさ，他とのコントラストの強調など，必要な情報に注意を向けてもらう工夫が必要である。最後は「選択的歪曲」である。消費者は，自らの事前知識や先入観に基づいて情報を解釈する。同じ情報に注意が向けられたとしても，消費者の事前知識等によって解釈が異なることを考えると，ターゲットとする消費者の意識や考えを正しく理解したうえで，情報発信する重要性を認識することができるだろう。

（3）選択肢評価

　消費者は，情報探索によって獲得した情報からそれぞれの商品に対する評価を下すことになる。マーケティングや消費者行動においては，こうした対象に対する全体的な評価のことを**態度**と呼んでいる。態度は製品やサービスの購買行動を予測すると考えられている。基本的には一定期間は持続するが，様々な情報や経験によって変容していく。そのため，マーケティング担当者は，好ましい態度が形成されるような施策を検討しなくてはならない。

　製品やサービスに対する態度を捉える際に有用なのが多属性態度モデルといわれるモデルである。多属性態度モデルにおいては，消費者が製

品やサービスの複数の属性に対して，どのような評価を下しているのか
が検討される。さらに，それぞれの属性に対して消費者が感じている重
要度も考慮される。そのため，各属性に対する評価と重要度を掛け合わ
せたうえで，それらを合計したものを態度のスコアとして表すことがで
きる。

　多属性態度モデルを前提にすると，態度を好ましくするための方針が
見えてくる。1つめは，属性に対する評価の向上である。自動車で考え
ると，走行性能や燃費の改善は，それぞれの属性に対する評価の高ま
りにより，態度を好ましくするはずである（**表4-1**参照）。2つめは，
自社に有利な属性の重要度の強調である。歯周病予防に対する効果を高
く評価されているハミガキであれば，歯周病によるリスクを訴えて消費
者における歯周病予防に対する重要度が高まれば，他社に比べて態度が
向上することになる。最後は，新たな属性の追加である。競合他社には
ない新たな機能を追加し，消費者の支持を獲得することができれば，好
ましい態度が形成される。

（4）選択・購買

　選択肢評価において最も高い評価を得た製品やサービスに対し，消費

表4-1　多属性態度モデルの仮想例（ある人の自動車の評価）

属性	重要度	自動車 A	自動車 B	自動車 C	自動車 D
走行性能	5	6	7	5	9
燃費	7	8	8	9	5
デザイン	8	9	6	7	8
乗り心地	6	8	9	8	5
総合評価		206	193	192	174

者は購買意図を形成することになる。しかしながら，購買意図の形成から購買に至るためには，2つのハードルがあることが指摘されている。

　1つは他者の態度による影響である。例えば，家族や友人など，自身にとって重要な他者が購買意図を形成した製品やサービスに対して否定的な態度を有している場合には，購買の可能性が低下する。こうした他者の態度による影響は，他者がどれほど否定的な態度を有しているかという点と，消費者自身がどれほど他者の態度を考慮しているかという点によって変わってくる。こうした他者の態度の影響は，しばしば社会的規範による影響として取り上げられる。

　もう1つは，想定外の要因による影響である。購買意図から実際の購買が生じる際には，選択肢評価において行われた製品やサービスの決定以外に，購入量，購入場所，購入時期，支払方法という最大で4つの意思決定が下される。購入時期や購入場所の選択により，購買意図の形成と購買に時間的な乖離が生じると，想定外の事態に直面した消費者が購買を取りやめる可能性も増加する。スマートフォンの普及により，消費者がいつでもどこでも購入できるようになったことを踏まえると，マーケティング担当者は，購買意図が固まった消費者を購買へとスムーズに誘導していく工夫が必要になる。

（5）購買後の行動

　消費者購買意思決定プロセスは選択・購買段階で終わるものではない。上述した使用者としての消費者の側面を考えれば，購買後に生じる使用に対する評価も消費者行動を捉えるうえで重要である。購買後評価の代表的なものが顧客満足である。もし高い満足度を得られた場合には，好ましい記憶として蓄積され，次回の購買において自社に有利な内的情報探索が行われる可能性が高まる。

　購買後の評価においては，自社にとって有利な評価が下されやすいことも知られている。消費者は，自身が行った行動と自身が下している評価が一致しない場合，矛盾（不協和）を感じる。購買行動で考えると，自らが購入した商品をあまり気に入っていないような状況が想定される。矛盾（不協和）は，不快な感情を引き起こすため，消費者は不快な感情を落ち着かせようとするが，既に行動した事実は変えることができない。そのような状況において，しばしば消費者は自らの評価を変化させることで矛盾（不協和）を低減させようとすることが知られている。購入した商品があまり気に入らなかった場合でも，当該商品の良い面を確認することで自らを納得させようとした経験がある人も多いだろう。こうした心理的な反応は，**認知的不協和理論**として説明される。認知的不協和理論を前提にすると，購買後の情報提供の重要性が見えてくる。たとえあまり気に入られていなかったとしても，あらためて好ましい情報を伝えることができれば，購買前以上に製品やサービスに対する評価を向上させやすいと考えられる。

　近年では，消費者による情報発信の影響力が高まり，従来以上に購買後の行動の重視度が高まっている。個人が他の個人に向けて情報発信することはクチコミと呼ばれるが，SNS の発達により，消費者個人によるクチコミが大きな影響力を持つようになった。クチコミは，企業が発信する広告等の情報に比べて，購買を促そうという意図がないと考えられているため，消費者への影響力が強い。そのため，満足した消費者が製品やサービスに関する好ましいクチコミを発信してくれると，他の消費者が行う外的情報探索に大きな影響を及ぼし，好ましい反応を導いてくれるかもしれない。ただし，消費者は，良いクチコミよりも悪いクチコミに対して強く影響されることも指摘されている。マーケティング担当者は，消費者から発信される情報にも注意を向ける必要がある。

　処分行動も購買後の行動の１つである。かつては見落とされがちであった処分行動であるが，環境意識の高まりやごみ処理の有料化などにより，消費者行動における重要性が高まっている。また，フリマアプリの普及によって二次流通市場が活性化されたことで，購買時に二次流通市場での売買を意識する消費者が増えているとの指摘もある。

3．消費者購買意思決定プロセスの理解

（1）カスタマー・ジャーニーとしての理解

　消費者購買意思決定プロセスと類似した概念として，近年，**カスタマー・ジャーニー**という言葉がしばしば用いられるようになってきている。カスタマー・ジャーニーとは，製品やサービスを認知した顧客が購入や推奨に至るまでのプロセスを旅というメタファーを用いて理解しようという考え方である。これまでに複数の考え方が示されているが，コトラーらは，①認知，②訴求，③調査，④行動，⑤推奨という５つのプロセスを提示している（図4-2）。

　購買の前後のプロセスが記述されている点において，カスタマー・ジャーニーと消費者購買意思決定プロセスは共通しているが，カスタマー・ジャーニーの考え方の下では，顧客とブランドとの接点が重視される。こうした顧客とブランドとの接点は，タッチポイントやコンタクトポイントと呼ばれ，顧客がそれぞれの段階においてどのようなタッチポイントでブランドと接しているのかの特定が目指される。そのため，

図4-2　カスタマー・ジャーニー

出所：コトラー，カルタジャヤ，セティアワン（2017），p.97，図5-1を一部修正

それぞれのタッチポイントにおいて，カスタマー・ジャーニーを進める役割が求められる。

　また，カスタマー・ジャーニーでは，それぞれの段階に顧客の行動を分解することで，購買や推奨に至るプロセスにおいて離脱率の高いボトルネックを特定することも重要である。コトラーらは，購買行動率という指標を提案している。購買行動率とは，製品やサービスを購入した人の数を認知している人の数で割ったものとして捉えられる。例えば，市場に 100 人の消費者が存在する場合に，75 人の消費者が当該ブランドを認知しており，15 人の消費者が購入したとすれば，購買行動率は 15 ／ 75 となり，0.2 となる。これは，認知している人の 8 割が認知から訴求に至るプロセス，訴求から調査に至るプロセス，調査から購買に至るプロセスのいずれかで離脱していることを意味しており，それぞれの段階におけるタッチポイントでの施策を改善することにより，購買者数を増やせる可能性が高まる。もし訴求段階に至った消費者の割合や調査段階に至った消費者の割合も把握することができれば，より効果的な施策を実現することが可能になるだろう。もちろん認知率が低い場合には，認知率を向上させることが，自社の売上を伸ばすための重要な要因となる。

（2）ブランド・カテゴライゼーションとしての理解

　消費者購買意思決定プロセスやカスタマー・ジャーニーにおいては，自社の製品やサービスに注目をしていたが，競合する製品やサービスとの関係性を捉えるうえでは，**ブランド・カテゴライゼーション**の考え方も有用である。ブランド・カテゴライゼーションでは，認知，特徴理解，購買検討可能性という 3 つの視点から分類することで，消費者における自社の製品やサービスの状態の把握が目指される（**図 4-3**）。

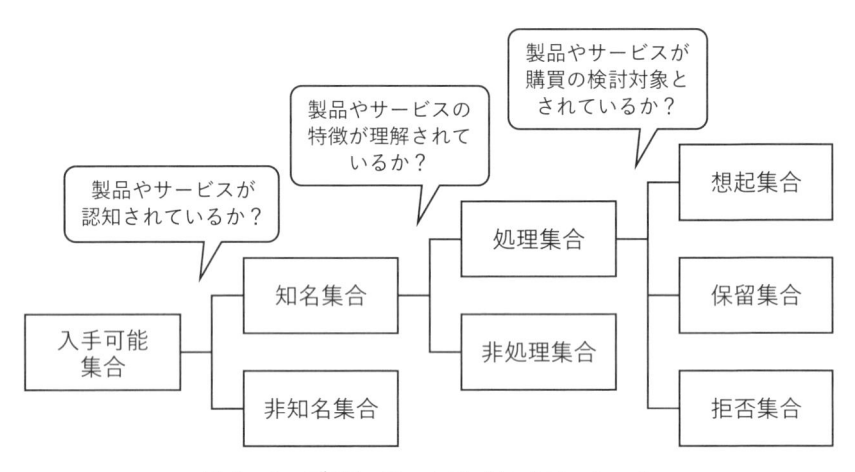

図4-3　ブランド・カテゴライゼーション
出所：Brisoux and Laroche（1980）より作成

　消費者がブランドを選択するには，入手可能であることが前提条件となるため，ブランド・カテゴライゼーションでは，入手可能集合にあるブランドを分類していくことになる。もし入手可能でない場合には，配荷率を高めるなどして，入手可能な状況を構築できないと競争の土俵に立つことすらできない。入手可能集合に含まれるブランドは，認知されている知名集合と認知されていない非知名集合に分類される。知名度が低いブランドは，選択対象となる可能性が低いため，知名度を高める施策が求められる。知名集合は，消費者が製品やサービスの特徴を理解している処理集合と非処理集合に分類される。非処理集合では，自社製品の名前は知っているものの，情報処理が進んでいないと捉えられるため，関心を持ってもらえるようなコミュニケーションを実施して，特徴の理解を促せると効果的である。処理集合は，さらに，選択の候補となる想起集合，選択肢からは排除される拒否集合，排除されているわけではな

いものの，何らかの理由で選択肢に入ることのできない保留集合に分類される。拒否集合や保留集合に入っているブランドにおいては，想起集合に含まれない原因を特定して改善しなくてはならない。一般的に，想起集合に入るブランド数は 3 前後であることが知られている。各企業は，自社の製品やサービスが想起集合に含まれるように，様々な取り組みを検討する必要がある。

4．様々な消費者購買意思決定プロセスと購買行動

（1）関与による影響

　ここまでで消費者購買意思決定プロセスやカスタマー・ジャーニーについて確認してきたが，すべての消費者が常に上述したプロセスを経て購買行動を進めているわけではない。

　消費者購買意思決定プロセスに大きな影響を与える要因として，**関与**がある。関与とは，対象に対して抱く関心や思い入れのことを意味しており，製品や製品カテゴリーに対して生じる製品関与，購買自体に対して生じる購買関与，広告に対して生じる広告関与などの存在が指摘されている。

　低関与の場合，消費者は，情報探索においては消極的になり，選択肢評価を丁寧に進めることもなくなる。したがって，上述した消費者購買意思決定プロセスやカスタマー・ジャーニーの考え方は，基本的には高関与の消費者を前提としたものである。

　低関与の場合には，購買意思決定プロセスの各段階が省略されることが多くなる。きわめて低関与の商品においては，問題を認識すると，情報探索や選択肢評価を経ずに，選択・購買に至ることもしばしばある。

（2）状況要因による影響

　消費者の購買意思決定プロセスは，様々な状況要因によっても左右される。例えば，購買意思決定にかける時間が十分にない場合には，やはり購買意思決定プロセスの段階を省略せざるをえなくなる。消費者がどのような状況下で購買意思決定を行っているかを理解し，対応することにより，自社の製品やサービスの選択可能性を向上させることもできる。

　近年では，五感の影響に注目した感覚マーケティングの議論が数多く進められている。照明やBGM，POPのデザインなど，消費者は購買場面の様々な要因から影響を受けている。それらの効果を考慮しながら，適切な購買の状況を作り上げていく努力が必要である。

（3）ヒューリスティックスによる選択

　関与や状況要因によって，上述した多属性態度モデルによる態度形成を行うことができない場合，消費者は簡略化した選択を行うことがある。こうした簡略化された選択方法を**ヒューリスティックス**という。代表的なヒューリスティックスの1つとして，辞書編纂型と呼ばれるものがある。これは，消費者が最も重視する属性で最も評価の高いものを選択する方法である。もし比較した属性が同点の場合には，次に重視する属性の優劣によって決定される。類似した考え方のヒューリスティックスとして，EBAモデルがある。EBAモデルでは，重視する属性において条件を満たしていない選択肢から排除されていく。いずれもどのような属性が消費者に重視されているのかを理解することが重要になる。各属性において最低条件を設定して，1つでも満たさない属性がある選択肢を排除する方法は，連結型と呼ばれる。連結型において厳しい条件を設定していると，条件を満たした選択肢が得られず，購買が延期されることもある。より簡便な決定方法には，分離型がある。分離型においては，

各属性において1つでも条件をクリアしたものであれば採用される。最初に目についた商品が条件をクリアしていれば，そのほかの選択肢を確認せずに，商品が選択されることとなる。

　こうしたヒューリスティックスは，いずれか1つのみが採用されるわけではなく，いくつかのヒューリスティックスが組み合わせられて決定が行われることもある。普段の購買行動に目を向けてみると，全ての選択肢に対して厳密な評価を下すよりも，ヒューリスティックスを用いた意思決定を下すほうが多くの場面で見られるかもしれない。

（4）アサエルの購買行動の類型

　アサエルは，ブランド間の知覚差異の水準と関与水準を組み合わせることで，消費者の購買行動を4つに整理している（**図4-4**）。消費者の関与水準が高く，ブランド間の知覚差異も高い場合においては，複雑な購買行動が進められると考えられている。ここでは，上述した消費者購買意思決定プロセスに基づく購買行動が進められることになる。

　その一方で，関与水準が低く，ブランド間の知覚差異も小さい場合に

消費者の関与水準

	高	低
ブランド間の知覚差異　大	複雑な購買行動	バラエティ・シーキング型購買行動
ブランド間の知覚差異　小	不協和低減型購買行動	習慣的な購買行動

図4-4　アサエルによる購買行動類型
出所：Assael（1987），p.87，FIGURE 4.2 より作成

は，習慣的な購買行動が生じる。習慣的な購買行動において，消費者は，積極的に情報探索や選択肢評価を進めることは少なくなり，問題認識から即座に選択・購買行動が生じやすいと考えられる。そのため，店頭などにおいて有利な売場を確保し，消費者の目に最初に触れることが重要になるであろう。

関与水準が低い一方で，ブランド間の知覚差異が高くなると，バラエティ・シーキング型購買行動が生じる。バラエティ・シーキングとは，新奇性や目新しさを求めて様々なブランドを購入することである。したがって，バラエティ・シーキング型の購買行動では，自らの新奇性や目新しさを満たせるかという基準でのヒューリスティックスが生じていることになる。低関与の商品カテゴリーにおいてチャレンジャー企業は，バラエティ・シーキングを頻繁に生じさせることにより，リーダー企業からのシェアを奪える可能性が高くなる。リーダー企業は，自社の製品アイテム内でバラエティ・シーキングができるようバリエーションを増やすことで，こうした動きに対応することができる。

関与水準が高い一方で，ブランド間の知覚差異が低いと，不協和低減型購買行動が行われる。ブランド間の知覚差異が低いため，消費者は，事前に選択肢評価を下そうと思っても十分な評価を下すことができずに購買することになり，認知的不協和が生じやすくなる。企業は，購買後のコミュニケーションによって認知的不協和を低減するような取り組みが必要になる。

学習課題

1．支払者と使用者や購買者と使用者が異なるケースを取り上げ，どのようなマーケティング展開をすればよいか考えてみよう。
2．特定の製品カテゴリーを取り上げ，自分なりのブランド・カテゴライゼーションを作成してみよう。
3．アサエルによる購買行動の類型の各セルに当てはまる製品カテゴリーを取り上げ，普段，どのような購買行動をしているかを整理してみよう。

参考文献

・久保田進彦, 澁谷覚, 須永努（2022）『はじめてのマーケティング［新版］』有斐閣。
・田中洋（2008）『消費者行動論体系』中央経済社。
・フィリップ・コトラー，ヘルマワン・カルタジャヤ，イワン・セティアワン（2017）『コトラーのマーケティング4.0　スマートフォン時代の究極法則』朝日新聞出版。
・フィリップ・コトラー，ゲイリー・アームストロング，恩藏直人（2014）『コトラー，アームストロング，恩藏のマーケティング原理』丸善出版。
・フィリップ・コトラー，ケビン・レーン・ケラー，アレクサンダー・チェルネフ（2022）『コトラー＆ケラー＆チェルネフ　マーケティング・マネジメント〔原書16版〕』丸善出版。
・マイケル・ソロモン（2015）『ソロモン消費者行動論』丸善出版。
・松井剛，西川英彦編著（2020）『1からの消費者行動論〔第2版〕』碩学舎。
・Assael, H.（1987），*Consumer Behavior and Marketing Action*, 3rd ed., Kent.
・Brisoux, J. E. and Laroche, M.（1980），A proposed consumer strategy of simplification for categorizing brands. In J. H. Summey and R. D. Taylor（Eds.），*Evolving Marketing Thought for 1980*, Southern Marketing Association, 112-114.

5 | マーケティング・リサーチ

石井裕明

《**目標＆ポイント**》　適切なマーケティングを実施するためには，適切な情報を集める必要がある。本章では，マーケティング・リサーチについて学ぶことによって，適切な情報を収集する方法についての理解を深める。まず，マーケティング・リサーチに求められている役割を明らかにしたうえで，マーケティング・リサーチのそれぞれの段階についての学習を進めていく。
《**キーワード**》　カスタマー・インサイト，リサーチ・デザイン，標本，測定尺度，代表値

1. マーケティング・リサーチの意義

（1）マーケティング・リサーチとは

　マーケティングはしばしば「アートでもありサイエンスでもある」といわれる。人々をはっとさせるようなアイデアであっても，その背景にあるロジックが明確でなければ，成功確率は著しく下がってしまう。本章では，サイエンスとしてのマーケティングに注目し，マーケティング・リサーチについて検討していく。

　マーケティング・リサーチとは，マーケティングに関わる意思決定に活用するために，組織が直面する課題や状況に関するデータを体系的に収集したり，分析したりすることである。意思決定に関わる担当者自身がマーケティング・リサーチに乗り出すこともあるが，社内外のリサーチ担当者に依頼することも多い。

（2）マーケティング・リサーチの役割

　マーケティング・リサーチに求められる役割は，大きく分けて４つある。１つめは，市場環境の把握である。第３章で確認したように，マーケティング担当者は常に自社が置かれた市場環境を把握しておく必要がある。マクロ環境の変化や競合他社の動向などを把握し，自社のマーケティング意思決定に反映させなくてはならない。２つめは，マーケティング計画策定への示唆である。本章以降でSTPやマーケティング・ミックスの考え方を学んでいくが，それぞれの決定のためにマーケティング・リサーチが実施されることも多い。例えば，消費者に支持される製品コンセプトや広告表現が実現できているのかについて，リサーチを実施したうえで決定されることも多い。３つめは，マーケティング成果の測定である。マーケティング担当者は，実施した施策が想定していた目標を達成できたのかを把握しなくてはならない。顧客満足度やブランドの認知度の調査などは，マーケティング成果を測定するためのリサーチの代表例である。４つめは，ここまで挙げた３つの役割の把握を通じた，マーケティングに関わるプロセス全体の理解への貢献である。リサーチの結果を包括的に捉えることにより，自社のマーケティングが抱える強みや課題をあらためて把握することができるはずである。

　以上のような役割からも分かるとおり，マーケティング・リサーチは，マーケティング・マネジメントのプロセス全体で実施されることになる。適切なマーケティングの意思決定を下すためには，効果的なマーケティング・リサーチを実施し，結果を正確に理解することが必要なのである。

（3）カスタマー・インサイトの重要性

　近年の情報環境の変化により，マーケティング担当者が活用できる情報は急激に増加している。自社商品の売上データなどに加えて，自社

HPへのアクセス記録やSNSでの顧客の発言など，様々な情報をマーケティングに活用することが可能になってきている。その一方で，マーケティング担当者の中には，適切な情報が不足していることを嘆く声もある。こうした声は，マーケティングに活用する情報において，量ではなく質が求められていることを端的に示している。

　マーケティング・リサーチの狙いは，**カスタマー・インサイト**の獲得にあると指摘される。インサイトがしばしば洞察と訳されることからも象徴されるとおり，カスタマー・インサイトとは，マーケターによる深い洞察によって発見された顧客に関する情報のことである。カスタマー・インサイトの重要性は，顧客ニーズに関する理解からも把握することができる。

　第1章でも取り上げたとおり，ニーズには顧客が明言する顕在的ニーズと明言しない潜在的ニーズがある。顕在的ニーズは，他の企業にとっても把握が容易であり，成熟した近年の市場においては，既に満たされていることが多い。そのため，近年の市場においては，潜在的ニーズへの対応が必要になる。潜在的ニーズは，少なくとも2つの段階に分けて理解する必要がある。1つは「真のニーズ」と呼ばれるものであり，消費者が気付いていながらも社会的規範などの理由から明言しないニーズであったり，消費者がうまく言語化できないために明言できないニーズであったりする。顕在的ニーズに比べて把握しにくいため，言語化しにくい考えを説明できるような工夫をしたり，自らでは発言しにくい内容にも触れられるような手法を用いたりすることで，消費者の意見を聞き出すことが必要になる。

　もう1つの潜在的ニーズは，「学習されるニーズ」と呼ばれる。学習されるニーズにおいては，顧客自身がニーズに気づいておらず，たとえ直接的に質問されたとしてもそうしたニーズを否定することさえある。

ユニバーサル・スタジオ・ジャパンのハロウィーンのイベントは，若い女性をターゲットにホラー要素を強めた演出をすることで爆発的な人気へとつながった。当時のマーケティング担当者が導き出したカスタマー・インサイトは，日本の女性は男性に比べてストレス発散の手段が十分にない，ということであったという。普段の生活を過ごす中では，消費者自身がストレス発散の手段について考えることや気付くことは難しい。そのため，マーケティング担当者側が顧客について深く考え，顧客自身が気付いていないニーズを洞察することが人気の獲得につながったのである。

　顧客の潜在的ニーズへの対応がマーケティングの成否を分けることを考えると，あらためて，マーケティング担当者自身による深い洞察が導くカスタマー・インサイトの重要性を理解できるはずである。近年では，情報技術の発達も相まって，収集できるデータの多様化やリサーチ手法の高度化が急速に進んでいる。こうした流れも踏まえつつ，カスタマー・インサイトを導き出せるようなリサーチを計画し，得られた結果の考察からより深いカスタマー・インサイトを導く取り組みが求められている。

　以下では，**図5-1**に沿って，マーケティング・リサーチの基本的なプロセスを確認していこう。

図5-1　マーケティング・リサーチの手順
出所：コトラー，ケラー，チェルネフ（2022），p.171，図5.1を一部修正

2. リサーチのステップ①：問題の明確化

　マーケティング・リサーチを始めるにあたっては，リサーチが取り上げるべき問題を明確にし，リサーチの目的を設定しなくてはならない。それらが定義されずにリサーチを進めてしまうと，意思決定の役に立たない情報ばかりが得られてしまう。

　リサーチの問題を設定する際には，3つの基本的な**リサーチ・デザイン**を把握しておくことが有用である（**表**5-1参照）。1つめは，探索的リサーチと呼ばれるものである。探索的リサーチは，アイデアや仮説を導くために行われるリサーチである。例えば，新製品の売上が思うように伸びないものの，その原因が分からない場合に，いくつかの可能性を導き出すために行われるのが探索的リサーチである。探索的リサーチで

表5-1　リサーチ・デザイン

	探索的リサーチ	記述的リサーチ	因果的リサーチ
目的	アイデアと洞察の発見	市場特性や機能の記述	因果関係の特定
用途	・問題をより正確に捉える ・仮説を設定する ・次に行うべきリサーチを特定する ・コンセプトを明確にする	・特定の集団の特性を記述する ・母集団の中で特定の行動パターンを持つ集団の割合を推定する	・変数間の因果関係に関する証拠を提供する
方法	・二次データ分析 ・質問法による定性調査 （グループ・インタビュー，デプス・インタビューなど） ・観察法による定性調査 （ホームウォッチングなど） ・観察法による定量調査 （店頭観察調査など） 　　　　　　　　など	・二次データ分析 ・質問法による定量調査 （サーベイ調査など） ・観察法による定量調査 （店頭観察調査など） 　　　　　　　　など	・実験を伴う定量調査 （実験室実験，フィールド実験）

出所：髙田，上田，奥瀬，内田（2008），p.49，図表3-2を一部修正

得られた結果は，あくまで仮説であるため，すぐさまマーケティングによって対応するというよりは，追加的な調査を行って仮説の正しさを確かめるほうが好ましい。

　探索的リサーチで得られた仮説を確かめるために行われるのが検証的リサーチである。検証的リサーチは，記述的リサーチと因果的リサーチの2つに分類できる。記述的リサーチは，量的な側面から実態を把握するためのリサーチである。例えば，新製品の売上の伸び悩みが，女性におけるパッケージに対する好意度の低さにあるのだと考えられるのであれば，実際にパッケージに対する好意度を測定して，現状を記述することで仮説が正しいのかを検討する。

　因果的リサーチは，原因と結果の関係を確かめるために行われるリサーチである。新製品のパッケージに対する評価の低さによって購買に結び付いていないと考えられるのであれば，模擬的な購買環境などにおいて，現在のパッケージと新しいパッケージが陳列された状況を比較し，別のパッケージを採用することで購買意図が向上するのかを確かめたりする。

　これらのリサーチ・デザインを踏まえると，何を明らかにすべきなのかによって，リサーチの形が大きく異なることが分かるであろう。仮説が明確でないのに因果的リサーチを進めても有用な結果が得られない可能性が高く，一定の仮説を有しているのに探索的リサーチを実施するのはコストの無駄になってしまう。あらためて，リサーチを実施する上での自社の課題を整理する必要がある。

3. リサーチのステップ②：調査方針の策定

（1）データの種類

　問題を明確化できたら，次は実際の調査計画を検討する段階に進んで

いく。マーケティング・リサーチで用いられるデータは，**一次データ**と**二次データ**に分類することができる。一次データとは，特定の目的のために新たに収集されるデータのことであり，二次データとは，別の目的のために既に収集されたデータのことである。二次データによる調査の実施は，しばしばデスク・リサーチと呼ばれる。

二次データには，売上データや以前のマーケティング・リサーチ結果といった企業内部に蓄積している内部データと，公的機関や他の企業が収集した企業外部に存在する外部データの2種類がある。コストを節約して効率的な調査を進めるためには，社内外に関わらず，既に行われた調査と類似した調査を行うのは望ましくない。そのため，まずは二次データの存在を確認すべきである。

近年の情報技術の発達により，購買履歴やWEBのログデータなど，企業には多くのデータが蓄積するようになってきている。これらを活用することにより，様々な知見を導出できる可能性がある。また，自社だけでは収集しきれない貴重な外部データを活用すれば，より包括的で多面的に市場を理解することも可能になる。ビデオリサーチが行っているテレビ番組の視聴率調査などはその代表であろう。

ただし，二次データを活用する際には，データの収集時期やデータ収集の目的などから実施するリサーチの問題に対応できるデータであるのかを検討する必要がある。また，データ収集の方法や調査主体などの情報からデータの信頼性を確認しなくてはならない。

（2）一次データの収集方法

適切な二次データがない場合には，一次データを収集しなくてはならない。当然ながら，一次データは二次データに比べて詳細なデータを適切な形式で収集することができる。データの収集方法は，質問を通じて

必要な情報を得る**質問法**と実際の状況を観察して情報を得る**観察法**に分類することができる。また，取得する情報の性質に応じて，テキストや画像といった定性情報を取得する**定性調査**と特定の数値を取得する**定量調査**にも分類することができる。それぞれ様々な手法があるが，ここでは代表的な手法について説明していく。

　質問法を用いた定性調査の代表例は，グループ・インタビューである。グループ・インタビューでは，5名から10名程度の被験者を集め，モデレーターと呼ばれる司会者の進行によって，特定のテーマについて話し合ってもらう。グループ・インタビューでは，他の参加者との相互作用から，参加者自身が気付いていなかった視点や考え付かないアイデアを生み出すことが目指される。グループを対象とするのではなく，特定の一人の参加者に対して深く質問を投げかけていくデプス・インタビューが実施されることもある。デプス・インタビューでは，参加者の深層にある考えを描き出していくことが目指される。グループ・インタビューやデプス・インタビューの結果の解釈は，分析者の主観に依るところが大きいため，探索的リサーチに適した調査手法である。

　質問法を用いた定量調査の代表例は，サーベイ調査である。サーベイ調査は，いわゆるアンケート調査のことであり，特定の対象に対する質問を同じ文章で尋ねていく。グループ・インタビューやデプス・インタビューでは対面でデータを収集する必要があったのに対し，サーベイ調査では様々なツールを用いてデータを収集することが可能になる。そのため，比較的低コストで大量のデータを集めることができるのが利点である。サーベイ調査は，記述的リサーチに用いられることが多い。

　観察法を用いた定性調査では，ホームウォッチングなどが行われる。ホームウォッチングでは，家庭内での行動の様子を観察することにより，消費者が抱えるニーズや自社製品の問題点の発見が目指される。また，

調査者が実際に特定のイベントに参加しながら，消費者の言動などについて観察する参与観察が行われることもある。これらから得られる情報は，観察者による解釈が必要になるため，探索的リサーチに適している。

観察法を用いた定量調査も行われる。店頭観察調査では，店舗内での消費者の行動を観察し，自社製品を手に取った人の人数や購入した人数などが把握される。また，来店者調査では，時間帯ごとの来店者の属性などを明らかにする。観察法を用いた定量調査は，記述的リサーチにも用いられるが，得られたデータから仮説を検討することもあり，探索的リサーチに用いられることもある。

観察法を用いた調査においては，店舗内での顧客の行動の AI による解析，GPS を用いた位置データの取得，視線や脈拍などの顧客の生体情報の活用，SNS 上での発言を収集するソーシャル・リスニングなど，近年，手法の高度化や多様化が進んでいる。

質問法と観察法による定量調査は，実験を伴ってデータを収集することで，因果的リサーチに対応することができるようになる。**実験**では，他の要因が同一条件になるようにコントロールしながら，原因と予想される要因だけを変化させることで，因果関係を検討していく。例えば，広告と売上の因果関係を明らかにしたい場合には，他の要因が同一になるようにコントロールしながら，広告を提示したグループと広告を提示しなかったグループの売上の違いを確認することになる。実験には，架空の状況で行われる実験室実験と，実際の売り場で行われるフィールド実験がある。データの収集にあたっては，特定のマーケティング施策に対する評価を尋ねるなどの質問法が用いられることも，製品の購買行動の様子を確認する観察法が用いられることもある。

4.　リサーチのステップ③：情報の収集

　調査の方針が定まったら，実際に情報を収集する段階へと移っていく。ここで重要になるのが適切な対象者から情報を取得することである。

　適切なリサーチの対象者を決めるためには，そのリサーチが対象としている集団全体を明らかにしなくてはならない。この集団全体のことを**母集団**と呼ぶ。もし母集団がそれほど大きくなければ，全ての対象者に対して調査を実施する悉皆調査も可能である。しかしながら，多くのマーケティング・リサーチにおいては，費用や手間を考えると悉皆調査の実施は現実的でない。そのため，母集団の一部を**標本**として抽出した標本調査が行われることが一般的である。標本調査では，母集団の一部を分析して全体の特徴を推測することになるため，実際に調査の対象となる標本が母集団を適切に反映していないと，得られた結果の有効性が大きく損なわれてしまう。なお，母集団や標本は，顧客や個人に限定されるわけではなく，リサーチの目的に応じて世帯や団体を単位として捉えることもある。

　標本を抽出する場合には，標本が含まれたリストを入手しなくてはならない。例えば，特定の大学の学生に標本調査を行うのであれば，当該大学の学生名簿を用いて標本抽出を行うことになる。ここで用いられるリストにおいても，母集団を適切に反映できているかに注意しなくてはならない。近年では，インターネット調査が頻繁に用いられるようになってきているが，インターネット調査会社が保有しているモニターのリストと自社が想定している母集団との乖離がないかをチェックすることが必要になる。

　標本の抽出には様々な方法が用いられているが，得られたリストから無作為に抽出する確率サンプリングと，作為的に抽出する非確率サンプ

リングの大きく2つに分類することができる。非確率サンプリングの代表例は，便宜サンプリングと呼ばれるものであり，関係者や居合わせた人など，調査の実施に当たって好都合な対象に対して調査を実施する方法である。確率サンプリングを用いるほうが偏りのない母集団を反映した標本を抽出できるが，非確率サンプリングを用いると経費がかさみにくく，短期間に必要な情報を手に入れることができる。ただし，便宜サンプルなどで標本を抽出する際には，選択バイアスと呼ばれる現象に注意する必要がある。選択バイアスとは，代表性のない標本から母集団を推測することによって生じる偏りのことである。例えば，SNSに関する意識調査を実施する際に，SNSを通じて参加者を募集するとそれだけSNSを積極的に活用している人々を標本として採用することになる。もし何らかの偏りが生じていると考えられるのであれば，偏りを考慮して分析や結果の解釈を進めなくてはならない。

　サンプル・サイズの決定も重要である。サンプル・サイズとは，標本に含まれる対象の数のことを指す。サンプル・サイズが大きいほど信頼の高い結果を獲得できるものの，サンプル・サイズが大きくなればなるほどコストもかかることになる。

5. リサーチのステップ④：情報の分析

（1）定量的な分析

　情報の収集が完了したら，分析の段階へと移っていく。分析に用いる手法は，調査においてどのような情報を収集していたかに左右される。主に定量調査においては，いくつかの基準で対象が測定されることになるが，その際に用いられた物差しのことを**測定尺度**という。測定尺度には，大きく分けて4つの種類がある。

　1つめは名義尺度であり，リサーチ対象のカテゴリーを示すものであ

る。性別や居住地などが代表例である。便宜的に性別や居住地に数字が割り当てられることもあるが，この数字はカテゴリーの違いを示しているだけであり，その大小に意味は持たない。

2つめは順序尺度と呼ばれるものであり，順序の違いを示すものである。不動産会社などが実施している駅や沿線の人気をランキング形式でまとめた調査結果が話題になることがある。その代表的な調査を見てみると，回答者の好きな駅や住んでみたい駅の1位から3位を回答する形式となっている。こうした形式の回答は，順序や大小関係を示している点で有用であるが，その差がどの程度であるかまでは把握できない点に注意が必要である。

3つめは，間隔尺度と呼ばれるものである。間隔尺度においては，数値間の間隔が均等であると捉えられる。温度は間隔尺度の代表例である。摂氏と華氏では，1度ごとの間隔は異なるものの，それぞれの尺度中では間隔が均等に割り振られている。なお，アンケートなどにおいて，「非常にそう思う」から「全くそう思わない」までの5段階で回答されたものに関しては，人々の主観が等間隔とは言えないため，厳密には間隔尺度に分類できないと言われるが，経験的に間隔尺度として処理されることが多い。

4つめは，比率尺度である。比率尺度は0が「存在しない」ことを示す尺度である。例えば，購買量においては，0は購買していないことになるので比率尺度として捉えられる。その一方，温度の摂氏0度は温度がないわけではなく，水が氷になる温度を摂氏0度と定めているもののため，比率尺度ではなく間隔尺度に分類される。

これらの尺度を理解することによって，どのような代表値を用いて結果を分析すればよいかが異なってくる。データの合計をデータ数で割った平均値は，比率尺度と間隔尺度では用いることができるものの，序数

表 5-2　尺度の種類

	目的	代表例	利用可能な代表値
名義尺度	対象を識別する	背番号，郵便番号	最頻値
順序尺度	順序や大小の関係を表す	各種ランキング	最頻値 中央値
間隔尺度	間隔や程度の違いを表す	温度，西暦年，時刻	最頻値 中央値 平均値
比率尺度	絶対原点を持つ	販売数量，出荷台数，時間	最頻値 中央値 平均値

出所：髙田，上田，奥瀬，内田（2008），p.116，図表 7-1 および p.157，図表 9-8 より作成

尺度や名義尺度で用いることはできない。中央値はデータを大きいものから小さいものまで並べた際に中央になる値のことである。データが偶数の場合には，中央に当たるデータがないため，真ん中の２つのデータを足して２で割ったものを中央値とする。中央値は比率尺度や間隔尺度に加えて，順序尺度にも用いることができる。最頻値は現れた頻度が最も高い値のことであり，全ての尺度で用いることができる代表値になる。

　一次データを収集する際には，どのような代表値を用いて分析をするのかを念頭に，消費者への質問項目を作成しなくてはならない。また，二次データを分析する際にも，どのような測定尺度が用いられているかによって，適切な代表値を求める必要がある。

（2）定性的な分析

　定性調査の分析においては，調査担当者が得られた資料を徹底的に読み込んだうえで，得られたデータを要素に分けたり，それらの関係を検討したりすることで分析が進められる。ただし，近年では，技術の発達により定性的に得られた情報を定量的に解釈する取り組みも進められている。例えば，テキスト・マイニングと呼ばれる手法では，インタビュー調査などで得られた発言録を分析し，どのような単語が頻繁に用いられていたのかといった点を明らかにすることができる。

6. リサーチのステップ⑤：報告と意思決定

　リサーチ担当者は，分析を終えたら，報告書の作成やプレゼンテーションなどを通じて，マーケティングの意思決定者へと結果を伝えなくてはならない。報告書の作成やプレゼンテーションに当たっては，完全さ，正確さ，明快さ，簡潔さの4つのポイントが求められる。しばしばリサーチ担当者は数字や統計的な面に重きを置きがちになるが，マーケティング担当者の意思決定に有益なインサイトを導き出せているかに重点を置くべきである。

　報告を受けるマーケティング担当者は，リサーチ担当者の報告を鵜呑みにするのではなく，分析や解釈に誤った点がないかを慎重に見極めなくてはならない。通常，リサーチ担当者は分析自体には長けているものの，マーケティングに関する課題を最も理解しているのはマーケティング担当者である。リサーチ担当者と多角的に議論することで，最適な解釈を導き出せる可能性が大きく高まるはずである。

学習課題

1．身の回りにある現象について,「問題の明確化」を行い,探索的リサーチ,記述的リサーチ,因果的リサーチのいずれの調査が適しているかを考えてみよう。
2．特定の二次データを取り上げ,「観察法」「質問法」というデータの収集方法と,「定量調査」「定性調査」というデータの性質の視点から,どのような調査が行われていたのかを整理してみよう。
3．政府が行っている調査を1つ選び,同調査において用いられている測定尺度の種類を調べてみよう。

参考文献

- 池尾恭一, 青木幸弘, 南知惠子, 井上哲浩 (2010)『マーケティング』有斐閣。
- 恩藏直人 (2007)『コモディティ化市場のマーケティング論理』有斐閣。
- 恩藏直人, 冨田健司編著 (2022)『1からのマーケティング分析〔第2版〕』碩学舎。
- 髙田博和, 上田隆穂, 奥瀬喜之, 内田学 (2008)『マーケティングリサーチ入門』PHP研究所。
- フィリップ・コトラー, ゲイリー・アームストロング, 恩藏直人 (2014)『コトラー, アームストロング, 恩藏のマーケティング原理』丸善出版。
- フィリップ・コトラー, ケビン・レーン・ケラー, アレクサンダー・チェルネフ (2022)『コトラー&ケラー&チェルネフ マーケティング・マネジメント〔原書16版〕』丸善出版。
- 森岡毅 (2016)『USJを劇的に変えた, たった一つの考え方 成功を引き寄せるマーケティング入門』角川書店。

6 | セグメンテーション・ターゲティング・ポジショニング

安藤和代

《目標＆ポイント》 自社の内部・外部の環境分析の結果に基づき，マーケティング計画が策定される。そのプロセスは大きく２つの段階に分けることができる。１つはマーケティング・ミックスであり，その前に検討されるのがセグメンテーション・ターゲティング・ポジショニングである。本章では後者の３つのアプローチの方法，考え方，重要性について学ぶ。
《キーワード》 セグメンテーション，ターゲティング，ポジショニング，ニッチ・マーケティング，カスタマイズド・マーケティング

1. マーケティング・マネジメント・プロセスと STP

　マーケティング活動は，**図6-1** のマーケティング・マネジメント・プロセスに示されているように，第３章で学んだ「環境分析」から始まる。その結果に基づき「STP」や「マーケティング・ミックス」が検討され，決定された計画が「実行」，「統制」されるといった流れで進められる。STP とは，本章でとりあげるセグメンテーション（Segmentation），ターゲティング（Targeting），ポジショニング（Positioning）の頭文字である。

図6-1　マーケティング・マネジメント・プロセス

STP のそれぞれの活動について見ておこう。**セグメンテーション**は市場細分化を意味する。セグメントとは「分ける」行為やその結果の「部分」を指す言葉である。今日では，1つの製品で市場の全体を狙うことは稀である。今日の消費者は製品の知識や使用経験が豊富であり，明確なニーズや選択基準を持っていることが多いため，性別や年齢，価値観，行動パターンなどの基準を用いて共通のニーズを持つ消費者グループに細分化する。その作業を通して，細分化された市場の消費者像や彼らのニーズ，選択基準を浮き彫りにする。

セグメンテーションの次には**ターゲティング**を行う。セグメンテーションを行い得られた複数の市場セグメントのうち自社の強みが発揮できそうな特定の市場を選択し，自社の標的市場として決定する。そして**ポジショニング**では，ターゲットとする市場セグメントの中で自社の製品が占めるべきポジション（位置）を定める。豊富な製品が提供されている今日では，細分化されたセグメントであっても自社の製品しか提供されていないということは稀である。そのため競合他社と比較して当該製品の特徴や強みが何であるのかを明確にしておくことが重要である。消費者は製品を他の選択肢との比較の中で相対的に評価している。絶対的な基準に基づき評価するばかりでなく，消費者の知覚や感覚によって規定されるものである。

STP を決定することで，目標とする事業の方向性が規定される。したがって製品政策や価格政策などマーケティング・ミックスや具体的な活動プランを検討するより先に STP が決定されていることが望ましい。

2．セグメンテーション

（1）市場の細分化

　セグメンテーションを行うにあたり，顧客の共通ニーズを最もよく識別する基準を見出す必要がある。つまり基準を用いて消費者をグループ分けすることでグループ内では同一，他のグループとは異質な特殊ニーズを見出し，それによって消費者を判別するのである。**表6-1**は，市場の細分化に用いられる代表的な変数である。これら変数を単独で，あるいは複数を組み合わせることで，最適な識別方法を探索する。代表的な変数を紹介する。

　地理的変数には，地域，都市の人口規模や人口密度，気候などがある。日本は南北に長く地域によって気候条件が大きく異なるため，求められるニーズにも違いがある。各業界では，それぞれのニーズに対応した製

表6-1　主な市場細分化軸

地理的変数	世界の地域，国内の地域，都市の人口，人口密度，都市環境など
デモグラフィック変数	年齢，性別，世帯規模，世帯のライフサイクル（既未婚，子供の有無，子供の就学状況），世帯所得，職業，最終学歴など
サイコグラフィック変数	社会階層，ライフスタイル，パーソナリティ，価値観など
行動変数	使用場面，求めるベネフィット，利用経験（初回／レギュラー／元ユーザー，潜在ユーザー），使用／利用頻度，ロイヤルティの状態，購買準備段階など

出所：コトラー，アームストロング，恩藏（2014），p.89，表4-1を抜粋・修正

品を提供している。また，文化や習慣によるニーズの違いも存在する。世界的に人気が高い日本の漫画を海外に輸出する際には，言語を翻訳するだけでなく現地の文化や習慣に合わせて修正する必要がある。中東諸国に輸出するときは，女性の表現などイスラム文化圏の習慣に配慮して加工する。日本で人気の野球漫画をインドに輸出したときには，現地で人気のある球技であるクリケットに置き換えてテレビ放映された。

　海外のみならず国内であっても都市の成り立ちやその歴史，それらに基づく文化や価値観が地域により異なる。よく知られているところでは味の好みや美の価値観が関西地方と関東地方では異なるため，コンビニエンスストアや食品メーカーはおでんやカップ麺の味付けを地域に合わせて変えている。化粧品メーカーや衣料品メーカーは理想とする美しさを念頭に，カラーやアイテムのバリエーションを変えている。

　デモグラフィック変数には，年齢，性別，世帯規模，世帯ライフサイクル，所得，職業などがある。これら変数は，市場細分化を行う際に最も頻繁に用いられている。他の変数と比較して測定しやすいことも要因の１つと考えられるが，顧客のニーズや使用する量や頻度が，多くの場合，デモグラフィック変数と連動しているからである。

　一般的に，食事の量や，洗剤やヘアケア製品など生活消費財の使用量は，年齢や性別，世帯規模，世帯ライフサイクルによって異なる。顧客ニーズもデモグラフィック変数により変化する。例えば，年齢による肌の変化が化粧品に求めるニーズを変化させる。性別による細分化も古くから行われており，衣料品，化粧品，生活消費財，雑誌などの多くは，男性向けと女性向けに区別して，ターゲットのニーズに合わせて作られている。自動車や旅行，衣料品，クレジットカードなどは古くから所得による細分化を実践している。クレジットカードでは，通常カードのほかにゴールドやプラチナ，ブラックなど利用可能金額に応じた様々な呼

称のカードを用意し，カードの利用シーンに応じた顧客ニーズに対応するサービスを付加することで顧客満足を高める工夫をしている。

サイコグラフィック変数には，ライフスタイルやパーソナリティ，価値観などが含まれる。同じデモグラフィック集団に属していても，サイコグラフィック変数の視点を加味することで，異なる嗜好やニーズを持つ異なる消費者グループとして認識されることがある。デモグラフィック変数である性別や年齢は，衣料品や雑誌，生活消費財，化粧品などの分野で古くから細分化に用いられてきたことはすでに述べたとおりであるが，多くのケースでは，それらとライフスタイルや価値観といったサイコグラフィック変数を掛け合わせることで，消費者のニーズにより細やかに対応してきた。

　従来はデモグラフィック変数による細分化を行っていなかった製品カテゴリーにおいても，最近ではそれら変数と価値観との組み合わせで市場を細分化し，新たな顧客ニーズに対応した製品が展開されている。例えば，健康意識や防犯意識の高まりに注目するものである。従来，お茶製品は性別・年齢を限定せず幅広い消費者に向けて提供されてきたが，中高年の男性の多くが体脂肪を気にしていることや，お茶に含まれるカテキン成分が体脂肪を分解する効果を持つことに注目し，健康機能飲料としてのお茶を彼らに向けて開発したことでヒット商品になった。

　賃貸住宅の例もある。以前は性別による細分化は行われていなかったが，ある住宅総合メーカーは，一人暮らしをする女性が防犯面で不安を感じていることに注目し，「防犯に優れた賃貸住居」を賃貸住宅経営者に向けて提供している。性別や年齢だけでは抽出できない特定の顧客ニーズを持つ消費者グループを識別した事例である。

行動変数には，使用場面，購買状況，利用の経験や頻度などが含まれ，文字通り，消費者の行動に基づき細分化を行おうとするものである。例

えば，朝専用缶コーヒーは時間軸で使用場面を細分化した結果生まれた製品である。気持ちよく1日が始められるよう，味や香りをこだわって作られている。フィットネス・サービスの利用者には，経験や利用頻度の点で多様な顧客グループが存在する。経験が豊富な高頻度利用者は知識も多く，施設に対して最先端の機器や豊富なスタジオ・プログラム，指導技術の高いトレーナーを求める。一方で初心者の低頻度利用者の多くは，短い空き時間を使って気軽に体を動かしたいといったニーズを持ち，手頃な価格や継続しやすいプログラム，親しみやすいスタッフを求める。経験や頻度で市場を細分化し，それぞれのニーズに対応する異なるフィットネス・サービスが市場に存在している。

（2）効果的な市場細分化の要件

　前項で示したとおり，市場を細分化する多様な軸がある。しかしすべての軸があらゆる製品やサービスの購買行動の違いを説明しているわけではないし，細分化することが必ず有効であるとは限らない。どのような要件を充たすとき市場細分化は効果的なのだろうか。

　第1に，**利益確保可能性**である。細分化した市場が製品やサービスを提供するのに十分な規模と収益性を有していることが要件である。市場があまりに小さく採算が見込めなければ事業が成立しない。そしてその判断のためには，セグメントの規模，セグメントに属する顧客の購買力や特性を測定できることが必要である。第2の要件は**測定可能性**である。

　セグメントの規模や購買力が十分であり，加えて細分化した各市場に異なるニーズが存在し，顧客がマーケティング・ミックスの要素やプログラムに対して異なる反応を示すとき，市場を細分化することが有効に機能する。**差別化可能性**があることが第3の要件である。特定の軸で細

分化した各セグメントが提供物に対して同じ反応を示すならば，分ける
必要はない。

　加えて，細分化した各市場に製品や情報を届けることができる販売
チャネルやコミュニケーションチャネルが存在することをいう**接近可能
性**や，顧客をひきつけ，製品やサービスを提供するための効果的なマー
ケティング・プログラムを設計し実行することをいう**実行可能性**が要件
となる。

3.　ターゲティング

（1）細分化された市場へのアプローチ

　STPでは市場細分化の検討から始めるが，必ずしも市場を分割する
必要があるわけではない。多くの消費者のニーズが同質的である場合に
は，すべての買い手に向けて1つの製品を大量に生産，流通，プロモー
ションを行い，大量消費を促す**マス・マーケティング**が効率的である。
1つの製品で市場全体を標的とするアプローチである。コカ・コーラ社
は，「コカ・コーラ」の生産開始以来，長年の間，「いつでも・どこでも・
だれにでも」をキャッチフレーズに192mℓの瓶入りコカ・コーラのみを
世界中の人に販売していた。1つの製品で大半の消費者の満足を獲得す
ることが可能であることを示している。

　しかし今日ではコカ・コーラゼロ，ゼロカフェイン，さらには健康志
向の日本人に向けて作られた機能性飲料コカ・コーラプラスなど，美容
や健康に対する意識の高い顧客を対象とする異なるコカ・コーラ製品を
展開している（同社ホームページより）。先にも述べたように市場が成
熟化した今日において，企業は多様な消費者の嗜好やニーズに対応する
必要があり，そのために**マス・マーケティング**から**ミクロ・マーケティ
ング**へと移行する。ミクロ・マーケティングには，狙う市場の大きさ

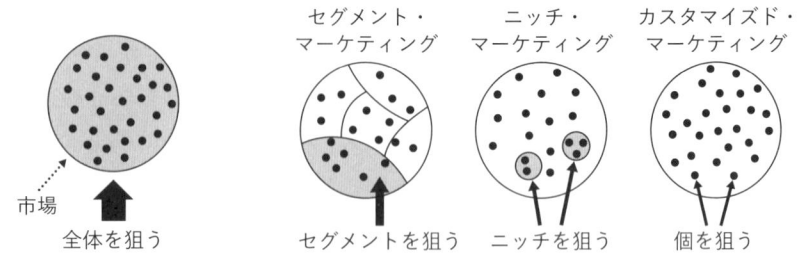

図6-2 マス・マーケティングとミクロ・マーケティング
出所：恩藏（2019），p.35

で「セグメント・マーケティング」「ニッチ・マーケティング」「カスタマイズド・マーケティング」の3つがある（**図6-2**）。それぞれの特徴や採用基準について次節以降で解説する。

（2）標的市場の選択

　セグメンテーションを終えるとターゲティングを実行する。ターゲティングとはマーケティングを展開するセグメントを決定することをいう。最適な標的市場を選択するため，セグメントの規模や収益性，競争状態，さらには顧客ニーズの充足可能性を分析し評価する。つまり，事業を成り立たせるに十分な市場規模や利益構造が見込めるか，複数企業がすでに参入しており激烈な競争が繰り広げられていないか，圧倒的な顧客支持を集める他社の製品が存在していないか，さらに当該製品が提供可能な便益が対象セグメントの顧客ニーズを充足させられるか，といった視点で分析し，セグメントの魅力度を確認する。そして自社が保有する経営資源の内容や多寡も踏まえてセグメントとの適合性を検討する。

4. ミクロ・マーケティング

（1）セグメント・マーケティング

　セグメント・マーケティングとは，前節で示した基準を用いて市場を細分化し，標的とするセグメントに対して最適な製品を展開するアプローチである。標的市場の選択には，フルカバレッジ，市場専門化，製品専門化などがある。

　フルカバレッジとは，細分化したセグメントに対してそれぞれのニーズに対応する異なる製品を販売することで，市場全体を網羅的にアプローチする方法である。トヨタ，ホンダ，日産といった大手自動車メーカーは，セダンやSUV，ミニバンなど顧客が求める車のタイプ，価格帯，デザインや利用目的などを軸に細分化したセグメントのそれぞれにおいて，異なる車種やブランドを展開している。花王やライオンといった歯磨き粉を製造する大手消費財メーカーは，消費者が歯磨き粉に求める機能，例えば虫歯予防，歯周病予防，口臭予防，美白などに対して異なるブランドで対応する。フルラインでの製品展開により多様な消費者のニーズに応えようとしている。こうした方法を採用する場合，企業は自社の経営資源，例えば人・モノ・カネ・情報を各事業に分散させることになるため，豊富な経営資源を有する企業でなければ実行は難しい。

　他方で，特定のセグメントに集中しその市場で生じる複数のニーズに対して異なる製品で対応する**市場専門化**では，照準を合わせた特定の市場に経営資源を集中投下することができる。また集中的な事業展開により，セグメントに属する顧客のニーズを深く理解するようになる。また，効率的な事業展開が可能となり市場で優位なポジションを確立しやすい，といった利点もある。例えば，Nittakuブランドで知られているスポーツメーカーの日本卓球は卓球市場に専門化し，ラケットやボール，

ウェア，関連グッズなどの製品を展開している。

製品専門化とは特定の市場ではなく特定の製品に照準を合わせて専門化し，複数のセグメントを対象に製品を展開することをいう。ミカサは球技スポーツで使用されるボールに専門化し，バレーボールやバスケットボール，ハンドボールといった競技用のボールを製造し販売している。1つのセグメントで成功すれば，市場横断的に高い評価を得ることができる。いずれの専門化アプローチにおいても対象を絞ることで顧客から高い評価を得やすいことがメリットであるが，専門化した対象市場が衰退した場合の打撃は大きい。

（2）ニッチ・マーケティングとカスタマイズド・マーケティング

前項で大手の自動車メーカーや消費財メーカーがフルラインで製品展開する例を紹介した。他方で自動車メーカーのフェラーリは高級価格帯のスポーツカーに絞りこんだ製品を販売している。サンギは，歯の美白ニーズが顕在化していなかった1985年以来，美白高機能セグメントに特化した製品を販売し，2022年度においてもなお，同セグメントでトップシェアを維持している。このように特殊なニーズを有する特定の小さい市場に照準をあわせてマーケティングを展開することを**ニッチ・マーケティング**とよぶ。

隙間を意味するニッチな市場への参入を大手企業は躊躇するため，厳しい競争が起きにくい。したがって価格競争に巻き込まれにくく，プレミアム価格を設定しやすい。自社の経営資源を当該市場に集中的に投入できるため優位な地位を築きやすく，また顧客の特殊なニーズを的確にとらえた製品を提供することが可能である。

定義にあるようにニッチ・マーケティングは特殊な狭い市場を狙うことであるが，必ずしも事業規模が小さいわけではない。衣料用副資材の

中でファスナー市場に特化した事業を展開するYKKは世界でナンバーワンのシェアを有し，2023年度にはファスニング事業だけで3,793億円の売上を誇る。世界市場で圧倒的なシェアを獲得し大規模な事業を展開している。

　カスタマイズド・マーケティングは，個の顧客を狙ったマーケティングである。細分化を繰り返すと最終的な単位は個人になる。ミクロ・マーケティングの究極の姿ということができるだろう。個人が「自分のためだけの製品」を注文するオーダーメイドの仕組みは以前から存在するが，生産技術や情報技術が進歩したことでマスの効率を活かしたオーダーメイドの仕組みが実現した。その結果，オーダーメイドの場合と比較して買いやすい価格でカスタマイズした製品を提供することが可能になった。大手アパレルメーカーのワールドやオンワード樫山の紳士服ブランドではデザインや素材，ボタン等を自分で選択し，好みに合わせたスーツを作るサービスを展開している。ナイキの「Nike by You」ではデザインやカラー，素材，履きやすさといった機能などの選択肢を組み合わせることで，自分ならではのデザインのシューズを作ることができる。

5.　ポジショニング

（1）定義

　標的市場が魅力的であればあるほど，多くの競合他社が同じ顧客層をターゲットにした製品を提供している可能性が高い。厳しい競争の中で自社の製品が顧客に選ばれるためには競合の製品と差別化し，独自性の高いものとして消費者から認識されることが必要である。ポジショニングとは自社の製品を消費者にどのように認識してもらいたいのかを明確化し，消費者のマインドの中に位置付けることである。

　近年，健康への好ましい効果を訴求するチョコレート製品が増えてい

る。各社はそれぞれの製品に異なる特徴を持たせ，それらを訴求することで消費者のマインドの中での位置取りを行っている。例えば江崎グリコの「GABA」はストレス社会で闘うビジネスパーソンを対象に，「メンタルバランスチョコレート−ストレスを低減する」チョコレートとしてポジショニングしている。また働く女性を対象にした「LIBERA」では，水溶性植物繊維を配合することで「糖や脂肪の吸収を抑えるチョコ」であることを訴えている。明治は「チョコレート効果」に美や健康に好ましい効果があるカカオポリフェノールを高い割合で配合することで「健康を考えるチョコ」と位置づけている。ロッテの「ZERO」は「おいしいとこ残してゼロにして」というキャッチフレーズを訴求することで，血糖値の上昇を招く砂糖や糖類を0にしたことと，健康効果とおいしさを併せ持つ製品であることを強調している。それぞれ，精神的健康と肉体的健康のいずれに働きかけるのか，健康改善を促進するのか健康悪化を抑制するのか，異なる視点でポジショニングを設定している。これらの事例からわかるように，ポジショニングの切り口は1つではない。

（2）知覚マップ

　自社ブランドの独自性を生み出すために，マーケターは新しいポジショニングの切り口を見出さなければならない。検討にあたり，その時点で消費者が自社製品や他社製品をどのように知覚しているのかを視覚的に示す知覚マップを作成することがある（図6-3）。知覚マップは，通常，顧客が当該カテゴリーに求めるニーズや同一カテゴリーの製品が共通に有する属性や特徴，自社製品や有力製品の強みとする特徴などについて，同一カテゴリー内の製品に対する消費者の評価を尋ねる調査を実施し，得られたデータを用いて統計解析を行い各製品の位置を特定する，といった方法で作成される。したがって知覚マップの軸は固定的な

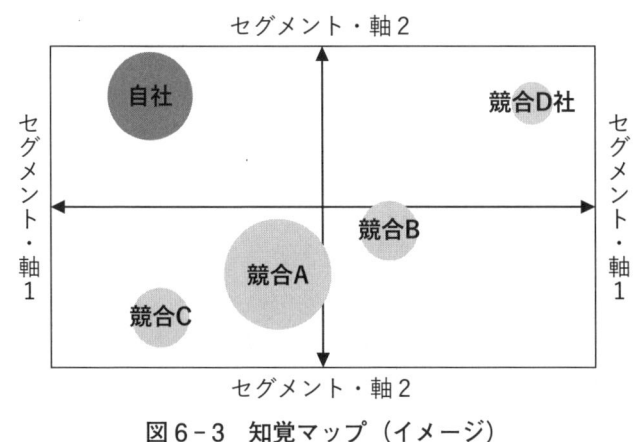

図6-3　知覚マップ（イメージ）

ものでも2軸にとどまるものでもないが，解釈の容易性から2軸を用い
てマップを作成するのが一般的である。

　知覚マップを作成するメリットは，消費者が知覚する同一カテゴリー
の製品群の中での自社ブランドの相対的な位置が視覚的に示されること
にある。競合関係あるいは非競合関係にあるブランドの特定や，対象と
する市場の密集度が視覚的に理解できる。また空白のエリアの発見にも
役立つ。しかし，知覚マップに示された空白地帯が参入すべき魅力的な
市場を意味するわけではない。例えば，**図6-3**の軸1がデザイン性を
示していると仮定しよう。右側に位置づけられるほど，消費者はデザイ
ン性が高いブランドであると知覚していることを表している。しかし，
消費者がデザイン性に対して高い重要度やニーズを有していることを説
明するものではない。したがって，空白地帯への参入を検討する際は，
別途，軸に採用した項目を消費者が重視しているのかを調査し，市場の
優位性を確認する必要がある。

　もう1つの留意点は，知覚マップは現時点での消費者の知覚を把握す

るためのツールであり，必ずしも消費者にとって魅力のあるポジション
を探索的に見出すためのものではない。マップに示されていない新たな
切り口を見出すことも，併せて必要である。

（3） ポジショニングの切り口

　ポジショニングでは自社製品と競合製品を差別化し，自社製品の独自
性を明確化する切り口を発見する必要がある。例えば，製品の性能，特
徴や不随するサービスによる差別化，使用機会や使用者の絞り込み，競
合製品との対比といった視点で独自性を見出すことができる。いくつか
の事例を紹介しよう。

　ユニクロの機能性肌着「ヒートテック」は，2022 年に世界での累計
販売枚数が 15 億枚を超えたヒット商品である。4 種類の性能が異なる
糸を組み合わせ，繊維の間に空気を含む構造を持つ繊維を東レと共同開
発したことで，薄くて暖かいヒートテックの特徴が実現した。製品の性
能によって他の肌着と差別化し独自性を確立している（2023 年 10 月 2
日付『日経 MJ』）。

　製品は独自技術やデザイン，チャネルなどでも特徴づけられる。自動
車メーカーのマツダやスバルは自動車の心臓部であるエンジンの独自技
術に特徴がある。マツダのロータリーエンジン，スバルの水平対向エン
ジンは，自動車への関心や思い入れを持つ関与が高い消費者の心の中に
独自のポジションを築き，国内外の根強いファンを獲得している。ライ
フネット生命は，企業と顧客が直接接触するダイレクトチャネルに特徴
があり，従来の保険外交員による対人営業に特徴がある生命保険会社と
差別化している。物質的な差別化だけでなく，サービスによる差別化も
可能である。1996 年に新規参入した航空会社スカイマークは，「安価で
も運航品質は良い」という独特のポジションを築いていることをホーム

ページで強調する。スカイマーク品質を示す1つの指標として，国土交通省航空局が発表する定時運航率がある。2017年度から2022年度まで国内で第1位であった。お客様の時間を大切にする企業として訴求している。

　使用機会を絞り込んだ例には，アキレスの児童用運動靴「瞬足」がある。小学校の運動会のリレー競技において，トラックのコーナーで転ぶ走者が少なくないことに着目し，靴裏の突起物を工夫することで転びにくい靴を開発した。そして「運動会で速く走れる（1等賞をとれる）靴」として独自性を訴求し，ポジショニングに成功したことが，「瞬足」をロングセラー商品に育て上げた最大の要因であろう。

（4）有効な切り口の条件

　ポジショニングが有効に機能するためにはいくつかの条件があることを念頭に置く必要がある。まずは消費者にとって重要であること（**重要性**），ユニークであること（**独自性**），他社に比べて優れていること（**優越性**），消費者が理解しやすいこと（**明確性**）があげられる。

　先に示した機能性チョコレートの例でいうならば，消費者は健康や美容を重要視していると認識し，各社は健康や美容に関連する価値を提供する製品づくりに取り組んだ。江崎グリコはストレスを低減させる成分を研究する中でGABA成分を見出し，またLIBERAの開発にあたり食物繊維の"難消化デキストリン"が有する脂肪や糖の吸収を抑える効果に注目した。独自性の高いアプローチということができるだろう。他方で明治はチョコレートメーカーとしてカカオの機能を研究し続けており，その効果を裏付ける実証データを保有している。カカオへの理解の深さが優位性をもたらしている。また各社は研究で得られた実証データとそれらが示す各成分の効果を広く広報してきた。今日ではチョコレー

トの健康や美容への好ましい効果は，消費者に広く知られている（明確性）。

（5） ポジショニングの継続性

　優れた顧客価値の提供につながるポジショニングの方向性が決定したならば，第1にそれらを実践しなくてはならない。製品として具現化し，改良し続けることである。声高に違いを訴えるだけの空約束ではポジショニングを構築することはできない。

　そのうえで，消費者に製品とそのポジションがセットで知覚され，心の中に正しく定着するように継続的なコミュニケーションを行うことが必要である。短期的に大量なキャンペーンや広告出稿を行えば完了するというものではない。また担当者が変わるたびにポジショニングを変更することも避けるべきである。ブランドの顔を見づらくし，消費者を混乱させるからだ。

　他方で，いちど決めたポジションは未来永劫，変えてはいけないということでもない。想定した結果が得られない場合もあるだろうし，時間経過の中で競合環境や顧客価値が変化したならば，それに対応する必要もある。いちど定めたポジションを戦略的に変更することを「リポジショニング」と呼び，ブランドの再活性化や低迷ブランドの巻き返しの施策として用いられる（詳細は第9章「ブランド戦略」参照）。

学習課題

1. 特定の製品やサービスの市場を取り上げて（例えば自動車市場やパソコン市場，清涼飲料水市場，ゲーム市場など），それぞれがどのような軸で細分化されているのかを考えてみよう。
2. 課題1を踏まえ，あらたに加えられるセグメントの軸にどのようなものがあるのかを考えてみよう。
3. 最近のヒット商品を取り上げて，ポジショニング施策を分析してみよう。そして競合製品との違いを考えてみよう。

参考文献

- 恩藏直人（2019）『マーケティング〔第2版〕』日本経済新聞出版社。
- 日経 MJ（2023）「ユニクロ，20％軽い「ヒートテック」」『日経 MJ』10月2日，5面。
- フィリップ・コトラー，ゲイリー・アームストロング，恩藏直人（2014）『コトラー，アームストロング，恩藏のマーケティング原理』丸善出版。

7 | 製品戦略

石井裕明

《目標＆ポイント》　本章の目的は，マーケティング・ミックスの中心となる製品について学ぶことである。最初にマーケティングにおける製品の位置づけや捉え方を確認したうえで，マーケティング担当者がどのような意思決定を行うのかを明らかにする。さらに，新製品開発プロセスや製品ライフサイクルといった概念を学習し，製品に関する理解を深めていく。

《キーワード》　便益の束，製品ライン，製品ポートフォリオ，製品開発プロセス，製品ライフサイクル

1. 便益の束としての製品

　製品には狭義の意味と広義の意味がある。一般に製品というと，自動車，化粧品，飲料などの有形のものをイメージするかもしれないが，こうしたイメージは狭義の意味に対応したものである。広義の意味での製品は，「顧客のニーズを満たす全てのもの」として捉えられる。サービスやイベント，人材，場所，組織，アイデアなど，マーケティングが対象とする全てのものを包含し，第1章で取り上げた市場提供物という考え方に対応したものである。広義の意味を踏まえると，あらためてマーケティングにおける製品の重要性を感じられるはずである。マーケティングでは，売上をはじめとする顧客の好ましい反応を獲得するための対価として製品を提供しているのである。

　製品の提供を通じて顧客の好ましい反応を得ていくうえでは，「**便益**

の束」という考え方が重要になる。**便益**とは，顧客にとっての問題解決や価値のことであり，「便益の束」とはそれらの顧客にとっての問題解決や価値の組み合わせを意味している。ここでのポイントは，企業が提供しようとする特徴を組み合わせた「属性の束」として捉えないことである。例えばテーマパークで考えた場合には，それぞれのアトラクション，提供されるフード，従業員の接客レベルの組み合わせが属性の束に対応する。その一方，便益の束とは，製品から顧客が得ている価値に注目する視点であり，テーマパークで考えれば，楽しさや心地よさ，あるいは同行者との思い出や得られた経験などの組み合わせが対応する。

　イノベーション研究の第一人者でもあったクレイトン・クリステンセン教授は，便益の考え方を「ジョブ」という言葉を使って表現している。クリステンセン教授によると，アメリカのファストフードチェーン店のドライブスルーにおいて，朝にシェイクがよく売れていたという。車社会であるアメリカでは，朝の通勤時間帯の混雑が多くの消費者にとっての課題となっていた。シェイクは腹持ちも良く，飲むのにそれなりに時間がかかる。そこで，朝にシェイクを購入する人々は「渋滞中の時間つぶし」というジョブをシェイクに与えて購入していたのだという。もしこうした状況を発見したのであれば，マーケティング担当者は，おいしさや満腹感だけでなく，渋滞中の時間つぶしという価値まで含めた便益の束としてシェイクを捉える必要がある。

　便益の束の考え方には，特定の製品を顧客にとっての価値から捉えなおす重要性が込められている。製品は当初企業側が想定していなかった価値を見出されることもある。ファストフード店は，シェイクに渋滞中の時間つぶしとしての役割を想定していたわけではないだろう。顧客にとっての価値から製品を捉えることが適切な管理を行うための出発点となる。

2. 製品についての意思決定

市場にどのような製品を提供していくかを検討する際には，**図7-1**に示した個別の製品レベルの意思決定に加えて，複数の製品の組み合わせから考える製品ポートフォリオレベルの意思決定が下される。

（1）個別の製品レベルの意思決定

顧客に提供する便益は，品質，特徴，デザインといった製品属性の組み合わせによって生じるため，製品レベルでの意思決定ではどのような製品属性を組み合わせるのかを検討しなくてはならない。すべての属性において最高水準を提供できれば，製品自体に対する評価や選好を高めることができるだろうが，コストの面から考えて現実的ではない。ターゲット顧客を深く分析し，ターゲット顧客が重視する特定の属性において高い評価を得られるようにする一方で，それほど重視されない属性においては許容される水準程度に抑えるなどして，当該製品の購入可能性を高めていくことになる。

製品レベルでの意思決定にはブランドに関する決定も必要となる。ブランドに関しては第9章でも詳しく学ぶが，既存のブランドを冠するのか新規のブランドとして導入するのかを決め，もし新規のブランドとして導入するのであればどのようなネームやロゴを採用するのかなどを決めなくてはならない。また，消費財においては，製品の容器や包装のデ

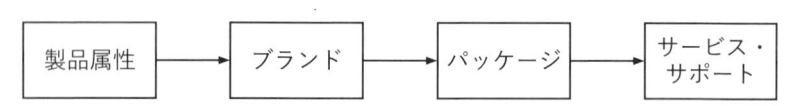

図7-1　個別の製品についての重要な意思決定事項
出所：コトラー，アームストロング，恩藏（2014），p.175，図7.2を一部修正

ザインなどのパッケージが製品の成否を分けることもある。店頭で消費者に強く訴求できるパッケージや消費者の利便性を向上させるパッケージの採用は，製品の価値を大きく高めることができる。

　個別の製品を検討する際には，サービスやサポートについても決めなくてはならない。アフターサービスや保証などをどの程度の水準で提供するのかといった点である。家具販売店の IKEA は，購入日から 365日以内であれば組み立てた家具であっても未使用で商品に問題がなければ返品できるという。こうした返品条件を展開することにより，顧客が購入に感じるためらいを取り除くことができる場合もある。

（2）製品ポートフォリオレベルの意思決定

　多くの企業では，1 つの製品だけでなく複数の製品を展開している。その場合，**製品ポートフォリオ**を検討し，どのような製品を取り扱うべきかを検討しなくてはならない。製品ポートフォリオでは，企業が有する全ての製品を**製品ライン**という視点で整理し，適切な水準が検討される（図 7-2 参照）。

　製品ラインとは，類似した特徴を有していたり，同じ顧客セグメントを対象にしていたりするなど，密接な関わりを持つ製品の集まりのことである。日用品メーカーであれば，ヘアケアや食器用洗剤といった製品ラインを有しているかもしれないし，ホテルチェーンであれば，リゾートホテル，シティホテル，ビジネスホテルといった製品ラインを有しているかもしれない。ただし，製品ラインは各企業によって相対的に規定される点には注意が必要である。様々なビジネスを展開している企業にとっては，ヘアケア用品全体を製品ラインとして捉えている一方で，ヘアケア分野に特化した企業においては，用途やターゲットなどに合わせた製品ラインを備えている場合がある。

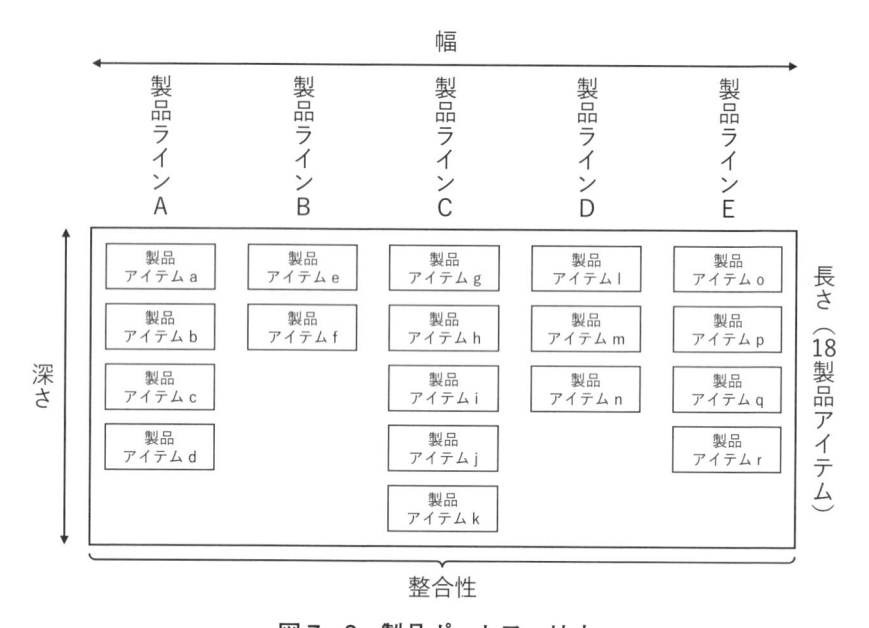

図7-2　製品ポートフォリオ
出所：久保田，澁谷，須永（2022），p.268，図9-3を一部修正

　製品ポートフォリオでは，製品ラインは「深さ」と「幅」という2つの視点から捉えられる。製品ラインの「深さ」とは製品ラインに含まれる個別の製品の数である。ここでいう個別の製品は，製品アイテムと呼ばれ，ブランド，色，サイズ，価格，フレーバーなどが異なれば別の製品アイテムとして捉えられる。製品ライン上に新たな製品アイテムを展開することにより，これまでに発掘できていない需要の掘り起こしを検討できる。近年，世帯当たりの人数の低下や個食化の進展により，小容量の製品にも人気が集まっているが，これは製品ラインを深くしたり，製品ライン上で取り扱う製品アイテムを変更したりした効果として捉えられる。

製品ラインの「幅」とは,製品ラインの数を意味している。多くの場合,大手企業のほうが多くの製品ラインを有しており,企業が成長を目指す際には新たな製品ラインの展開が進められることがある。特に,異なる価格帯での新たな製品ラインの展開は,ライン伸張と呼ばれる。下方ライン伸張では,既存の製品ラインよりも低価格帯での展開が進められる。従来の製品ラインでは捉えられなかった新たな顧客層にアプローチできるほか,低価格を武器に競争を仕掛けてくる新たな競争相手への対抗措置としても有効である。ただし,低価格帯の製品ラインによって既存の製品ラインの売上を奪ってしまうカニバリゼーションが生じると,全体としての売上が下がってしまう可能性があるだけでなく,ブランドのイメージが棄損されるリスクにも注意が必要である。上方ライン伸張では,既存の製品ラインよりも高価格帯での展開が目指される。高価格帯の製品ラインの実現は,大きな利益を獲得できる可能性が高いだけでなく,既存のブランドのイメージ向上も期待できる。もちろん,高価格帯への展開は低価格帯への展開よりも困難であり,既存の製品ラインとの価格の差を説明できる明確な根拠を提供できないと,顧客から支持されにくくなる。

製品ポートフォリオ全体を検討する際には,「長さ」と「整合性」という視点も重要になる。製品ポートフォリオの「長さ」とは,それぞれの製品ラインで展開されている製品アイテムの合計のことであり,企業が販売している総製品アイテム数のことである。また,製品ポートフォリオの「整合性」とは,製品ライン間の関連性の強さを意味している。一般的に,企業規模が大きくなればなるほど,製品ポートフォリオの長さは長くなりやすい。製品ポートフォリオが長くなると,企業は規模の経済性や範囲の経済性を享受したり,流通業者に対する交渉力を強めたりするなどのメリットもある。しかしながら,製品ポートフォリオが長

くなりすぎると，それぞれの製品ラインや製品アイテムへの投資は分散することとなり，効率性が低下してしまうこともある。特に製品ポートフォリオの整合性が低い場合には，こうした傾向は顕著になる。また，整合性が低い場合には，企業自体が有するイメージの拡散も生じやすい。製品ポートフォリオの「長さ」と「整合性」を検討し，過剰な製品ラインや製品アイテムにより，非効率が生じていないかに注意しなくてはならない。

3. 新製品と開発プロセス

（1） 新製品の捉え方

　新製品と一概に言っても，様々なレベルが存在することが分かる。たとえば，これまで市場になかったような新製品もあれば，企業にとっては新しい製品ラインであっても市場や顧客にとっては既に馴染みのある新製品もあるだろう。あるいは，既存製品の改良や修正は企業にとっても市場や顧客にとってもそれほど新しさのあるものではないかもしれない。このような違いはあるものの，マーケティングでは全てのレベルを新製品として取り扱う。

　近年の市場においては，新製品の成功率は必ずしも高くない。「千三つ」などという言葉がしばしば取り上げられるが，これは1000個の新製品のうち成功するのは3つだけという状況を表したものである。一般社団法人全国清涼飲料連合は，1年間に発売されていた清涼飲料の総数と新商品の数を発表している。それによると，1年間に市場に流通している商品の数は，おおよそ6000個程度であることが分かる。そのうち，新商品の数は1000個を超えている。流通している商品の総数が変化していないことを踏まえると，毎年1000個を超える商品が導入されているだけでなく，1000個を超える商品が市場から消えていることが分かる。

（2）製品開発プロセス

　それでは新製品はどのように開発を進めればよいのだろうか。本書では，コトラーらが提唱している①アイデア創出，②アイデア・スクリーニング，③コンセプト開発とテスト，④マーケティング戦略の立案，⑤事業性の分析，⑥プロトタイプの開発，⑦市場テスト，⑧市場導入という8つのステップに沿って確認していこう（**図7-3**参照）。

①　アイデア創出

　新製品の開発は，アイデア創出から始まる。アイデアの源泉は多様である。社内の研究開発部門や経営者，営業スタッフなどから得られることもあるだろうし，社外の顧客，取引企業，競合他社などから得られることもあるだろう。アイデアの源泉を限定せずに，幅広く収集することが必要である。

　近年では，顧客参加型製品開発に注目が集まっている。例えば，「無印良品」などでは，特定の商品の開発にあたってインターネットを通じてアイデアを募ったり，顧客の投票などを行ったりして商品の開発を進

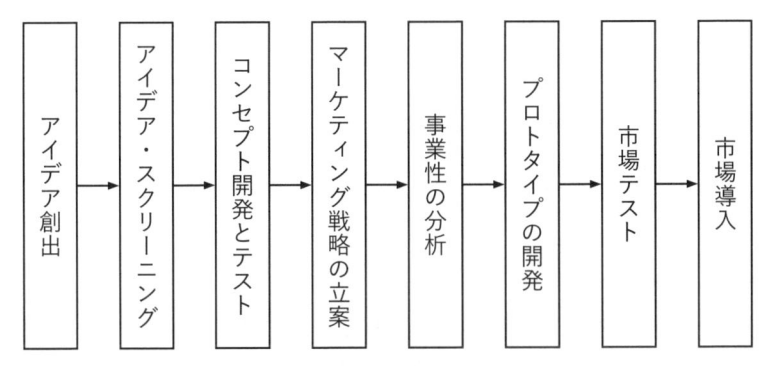

図7-3　新製品開発のステップ

出所：コトラー，アームストロング，オプレニスク（2022），p.359，図8.1を一部修正

めている。また，ワークマンでは熱烈なファンを公式アンバサダーとして認定し，製品開発への助言を得られるようにしている。こうした動きは，顧客から製品開発のアイデアを獲得しようという動きとして捉えられるであろう。

　実際にアイデア創出に臨む際に留意すべきなのは，アイデアは何の下地もなしに突然降ってくるものではないという点である。しばしばアイデアとは「既存の要素の新しい組み合わせ」として指摘される。そのため，まずは幅広い資料や情報に触れるプロセスがないと良いアイデアを発想することは難しい。また，真に新しい組み合わせはすぐに思いつくものではない。膨大な情報について考え抜いたプロセスを経て，新しい組み合わせを発想できることのほうが多い。人々をはっとさせるような新しいアイデアの背景には，地道な努力が隠されているのである。

　②　アイデア・スクリーニング

　様々なアイデアを思い付いたとしても全てのアイデアを採用することはできない。有望なアイデアに絞り込むアイデア・スクリーニングの段階が必要になる。アイデア・スクリーニングの基準として，しばしば以下の3つが指摘される。1つめは，製品に対するニーズや顧客の購入可能性などから判断される現実性（Real）である。2つめは，競合他社との競争優位性から判断される勝算性（Win）である。3つめは，自社の成長や利益への貢献から判断される価値性（Worth doing）である。これら3つの基準を満たしたアイデアでなければ次のステップに進めるべきではない。

　③　コンセプト開発とテスト

　有望なアイデアは，**製品コンセプト**としてより具体化される。製品コンセプトとは，アイデアをより詳しく述べたものであり，ターゲット顧客やそのニーズ，提供される顧客価値，他社にはないユニークさなどが

記載されることが一般的である。アイデアを顧客が理解できる形で具体的に表現することにより，顧客は複数のコンセプトの中から最も好ましいものを選ぶことができるようになる。そのため，多くの企業では，具体的な製品化を進める前にコンセプトに対する顧客の反応を試すコンセプト・テストを実施している。

④　**マーケティング戦略の立案**

コンセプトが固まったら，市場で展開するためのマーケティング戦略を立案する段階となる。ターゲット市場や価値提案だけでなく，売上目標，市場シェア目標，価格水準，流通，コミュニケーション方法，予算などを決める必要がある。

⑤　**事業性の分析**

大まかなマーケティング戦略が決まると，当該製品がビジネスとして魅力的か，企業目的に沿っているかを判断することができる。もし財務的にも新製品が魅力的と判断されると次のステップに進んでいく。

⑥　**プロトタイプの開発**

プロトタイプとは試作品のことであり，製品コンセプトに形が与えられることになる。消費者の選好や嗜好に対応したプロトタイプを作成するために，膨大なプロトタイプを試作したり，かなりの日数を費やしたりすることがある。

⑦　**市場テスト**

消費者から支持が得られるプロトタイプが作成できた後には，市場テストが行われることがある。市場テストとは，実際の市場環境で製品とマーケティングが試される段階であり，全国的な市場展開の前に地域を限定して消費者の反応が確認される。

市場テストは全国的な展開が失敗してしまった場合の金銭的な損失やイメージ棄損のリスクを避けるうえでは有効であるものの，市場導入に

まで時間を要することで好機を逃してしまう可能性もある。そのため，市場導入のコストがそれほど高くない場合や，他社製品の類似品を発売する場合などでは市場テストを行わないことも多い。

⑧　**市場導入**

こうしたプロセスを経て開発されてきた新製品はようやく市場導入に至ることとなる。ただし，新製品が成功を獲得するためには，タイミングも重要となる。競争や顧客などの状況から成功が難しくなったと考えられる場合には，導入を延期することも必要になる。

また，ある実務家は，市場導入された製品が対応していた顧客ニーズは既に過去の顧客のものであると指摘する。開発プロセスの中で収集した顧客の評価とは時間的なずれがあることを認識し，導入された製品の改良にすぐにでも乗り出す姿勢も重要である。

（3）デザイン思考

伝統的には，前節で取り上げたプロセスのような形で製品開発が進められてきたが，近年ではよりスピードを重視した製品開発が行われることもある。その一つが**デザイン思考**に基づく製品開発である。

デザイン思考とは，デザイナーが用いるような思考やツールを用いて人々のニーズを見つけ，新しい解決策を創造しようという考え方である。デザイン思考で大事にされているのが，コンセプトを具現化してプロトタイプを開発するプロトタイピングである。伝統的な製品開発では様々なプロセスを経たのちにプロトタイプが作成されていたが，デザイン思考では製品開発プロセスの初期段階でプロトタイプを作成し，それに対するユーザーからのフィードバックを得ながら改善していくことで製品開発プロセスが進んでいく。得られたフィードバックを反映させたプロトタイプ作成を繰り返すことにより，製品の完成度を高めていくことに

なる。

　素早い製品開発を実現するためには一つのプロトタイプにこだわり過ぎない姿勢が重要となるため，デザイン思考においてはそれぞれのプロトタイプにお金や時間をかけ過ぎないことが推奨されている。また，完成品についてもこだわりを持ち過ぎず，常に改善を重ねていくことも重要である。完璧な状態で新製品を市場に導入するというよりも，いち早く製品を導入したうえで，ユーザーからのフィードバックを得ながら製品の完成度を高めていく発想を持たなくてはならない。

4.　製品ライフサイクル

　市場に導入された製品は，人間と同様に成長し，成熟し，いつかは衰退していく。こうした製品の盛衰を人間の一生涯にたとえた製品ライフサイクルという考え方がある。**製品ライフサイクル**は様々なレベルに応用可能な概念であることが知られており，主に，製品カテゴリー，製品タイプ，ブランドの 3 つのレベルで用いられる。本書では製品カテゴリーをベースに説明を進めていこう（**図 7-4** 参照）。

（1）導入期

　導入期は，市場に製品カテゴリーが誕生して徐々に需要が伸びていく段階である。まだまだ市場規模は小さく，市場に参入しているブランドも多くない。導入期から市場に参入しているブランドにとっては，売上高が低い水準にとどまってしまう一方，研究開発やプロモーションなどへの投資は必要になるため，多くの場合，赤字になってしまう。

　こうした段階で重要なのは，トライアル（いわゆる試し買い）をいかに引き起こせるかである。また，製品カテゴリー自体が知られていない場合も多いため，自社ブランドに加えてカテゴリー自体の認知も向上さ

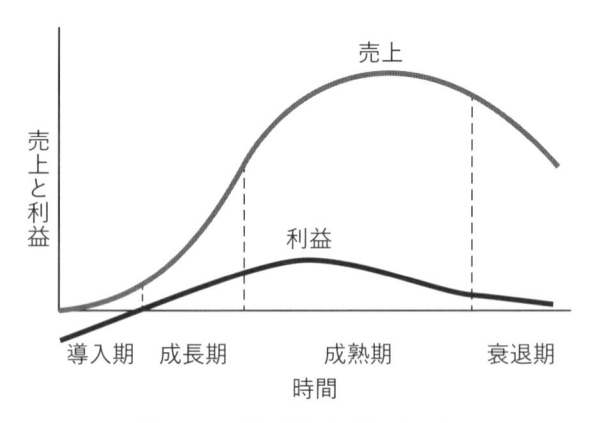

図7-4　製品ライフサイクル

出所：コトラー，ケラー，チェルネフ（2022），p.636，図17.2を一部修正

せなくてはならない。購買者が製品の価値を判断しやすい製品カテゴリーの場合には，製品を無料で配布するサンプリングが効果的である。スポーツドリンクの黎明期には「ポカリスエット」が，エナジードリンクの黎明期には「レッドブル」がそれぞれ大規模なサンプリングを行い，製品カテゴリーと自社製品の有用性を広く認知させた。

（2）成長期

　成長期は，製品カテゴリーの規模が急速に拡大していく段階である。市場規模が急成長するため，ビジネスチャンスを見出した企業の参入が相次ぐ段階でもある。市場に参入している企業からすると，売上高と利益がともに伸びていく段階である一方で，成長期の後期になると競争が激化するため，利益の伸びは鈍化してしまう。

　企業のマーケティング方針としては，市場シェアの最大化を目指し，自社ブランドへの選好を高めるべきである。競合他社による類似製品が

増える中で，自社ブランドを選択してもらうように注力しなくてはならない。また，拡大する需要に対応するため，流通チャネルを拡大したり，生産力を増強したりするなどして，販売機会を逸しないための取り組みも必要になる。

（3）成熟期

成熟期に入ると，製品が多くの人に普及するため，製品カテゴリーの成長は鈍化する。市場の成長が停滞しながらも参入企業間の競争が激化し，熾烈なシェアの奪い合いが生じることになる。そのため，売上のピークに達する前に利益のピークを迎えることが多い。競争の激化により，一部の企業の撤退も始まる。

企業は，競合企業との差別化を図るため，独自のブランド・ポジションの獲得を目指すようになる。また，本質的な部分での差別化が難しくなるため，副次的な部分での差別化も試みられる。当初は機能性で差別化が図られてきた調理家電分野において，デザイン性を重視したブランドが人気になるのはその一例である。

近年の市場においては，多くの市場において成熟化が進んでいるといわれるが，これは，多くの市場が成熟期を迎えていることを意味している。

（4）衰退期

衰退期とは，製品カテゴリーへの需要が減少していく段階である。衰退の原因は，価格や品質に優れた代替製品が登場する場合もあるが，技術革新や社会的トレンド，政府規制などマクロ環境要因が影響を及ぼすこともある。

衰退期におかれた多くの企業は，撤退を前提に，プロモーションなど

のコストをなるべくかけずに利益を絞り出そうとする。その一方で，全面的なモデルチェンジを施し，他の製品カテゴリーに参入するブランドもある。

（5）製品ライフサイクルの注意点

　製品ライフサイクルの考え方は，製品カテゴリーの市場規模や自社ブランドの売上がどのように推移するかを予測するために有益である。ただし，いくつか注意が必要な点がある。

　1つめは，特定の製品カテゴリーやブランドがどの段階に位置しているのかを判断するのは容易ではない点である。製品ライフサイクルの長さは製品カテゴリーやブランドによっても大きく異なることに加えて，必ずしも「導入期→成長期→成熟期→衰退期」というプロセスを経るわけではない。時には，衰退期に差し掛かっていると考えられていた製品カテゴリーが予想に反して成長期へと復活することもある。

　2つめは，製品ライフサイクルがマーケティングを策定するための手がかりとなる一方で，策定されたマーケティングの内容によってその後の製品ライフサイクルが影響を受けるという点である。例えば，製品ライフサイクルが成長期に差し掛かっていると捉えて投資額を増やせばその分市場規模や売上高は向上すると予想されるし，衰退期に差し掛かっていると捉えて投資額を減らせばその分市場規模や売上が減少することになる。

　マーケティング担当者は，製品を機械的に製品ライフサイクルに当てはめるのではなく，時には製品ライフサイクルのプロセスを覆すような視点から，製品の位置づけを検討する必要があるといえそうだ。

第 7 章　製品戦略 ｜ **119**

学習課題

1．いくつかの製品を取り上げ，企業側が提供する特徴から捉えた属性
　の束と顧客が獲得する価値から捉えた便益の束を比較してみよう。
2．製品ポートフォリオの 4 つの視点から，特定の企業が有する製品群
　を整理してみよう。
3．成長期にあると考えられる製品カテゴリーと成熟期にあると考えら
　れる製品カテゴリーを取り上げ，それぞれのカテゴリーで展開してい
　る企業のマーケティング戦略の違いについて考えてみよう。

参考文献

- 久保田進彦, 澁谷覚, 須永努（2022）『はじめてのマーケティング［新版］』有斐閣。
- クレイトン・M・クリステンセン，タディ・ホール，カレン・ディロン，デイビッ
  ド・S・ダンカン（2017）『ジョブ理論　イノベーションを予測可能にする消費の
  メカニズム』ハーパーコリンズ・ジャパン。
- ティム・ブラウン（2019）『デザイン思考が世界を変える［アップデート版］イノ
  ベーションを導く新しい考え方』早川書房。
- フィリップ・コトラー，ゲイリー・アームストロング，恩藏直人（2014）『コト
  ラー，アームストロング，恩藏のマーケティング原理』丸善出版。
- フィリップ・コトラー，ゲイリー・アームストロング，マーク・オリバー・オプ
  レスニク（2022）『コトラーのマーケティング入門〔原書 14 版〕』丸善出版。
- フィリップ・コトラー，ケビン・レーン・ケラー，アレクサンダー・チェルネフ
  （2022）『コトラー＆ケラー＆チェルネフ　マーケティング・マネジメント〔原書
  16 版〕』丸善出版。
- 和田充夫, 恩藏直人, 三浦俊彦（2022）『マーケティング戦略〔第 6 版〕』有斐閣。

8 ｜ サービス・マーケティング

安藤和代

《**目標＆ポイント**》　経済のサービス化が進む今日において，サービスの重要性はますます高まっている。サービスは有形の製品とは異なる特性を持つため，伝統的なマーケティングとは異なる視点が求められる。本章では製品とサービスの違いを確認し，サービス・マーケティングの特徴や戦略のあり方を考える。またサービス・マーケティングを理解するうえで重要な概念や枠組みを学ぶ。

《**キーワード**》　サービス・パッケージ・モデル，サービス・マーケティング・ミックス，サービス・トライアングル，サービス・プロフィット・チェーン

1．サービスとは

（1）サービスの定義

　「この店のサービスはすばらしい」「値段をすこしサービスしてもらえませんか」「あのレストランでデザートをサービスしてもらった」など，私たちは日常的にサービスという言葉を使っている。接客や値引き，おまけの意味で用いているが，サービス・マーケティングではサービスを異なる概念として定義づけている。

　サービス・マーケティングではサービスを製品の一形態と位置づけ，顧客のニーズを満たすために，販売目的で提供される行為やパフォーマンス，ベネフィット（便益）と考える。美容室は髪を整えるという行為，航空会社はA地点からB地点への短時間での移動というパフォーマン

ス，保険会社はリスクに備えることでの安心というベネフィットを提供し，対価を得ている。そのほか金融機関や医療機関，ホテル・旅館など宿泊業，飲食業，流通業，大学，法律や会計事務所などがサービスを提供する企業や組織としてあげられる。

　現在，サービスを提供する産業が経済全体の多くを占めており，重要な産業となっている。総務省統計局「労働力調査」によれば，日本の第3次産業（サービス産業）の就業者の割合は2023年時点で74.2％となっている。また，家計消費支出のうちサービスに対する支出が占める割合はおよそ4割を占めている。こうした傾向は，米国など他の先進諸国で日本より早くから認められることを踏まえると，日本のサービス経済化は今後もいっそう進むことが予想される。

（2）サービスの構成要素

　顧客のニーズを満たすために販売目的で提供される「行為」や「パフォーマンス」，「ベネフィット（便益）」であると定義されていることからわかるように，サービスは本質的に無形で，所有されることのないものである。この点において有形財の製品と明確に区別することができる。

　他方で，私たちが購入する製品の多くは有形の要素と無形の要素の組み合わせでできている。例えば航空サービスは，快適な2地点間の「移動」という形のない価値を提供している。核となる提供物は移動に用いる飛行機の座席使用権であり，それに加えて飛行機の操縦や空港での搭乗手続き，機内でのエンターテイメント・コンテンツなど複数の無形の要素で構成されている。しかし有形の飛行機や空港施設がなければ航空サービスは成立しない。さらに機内では快適さにつながる飲み物や食事が提供されている。航空サービスが無形の要素と有形の要素との組み合

わせで成立しているというのはこうしたことを指している。

　製品は有形と無形の複数の要素から構成されるパッケージである。こうした考えは**サービス・パッケージ・モデル**，あるいは分子論モデルと呼ばれている（**図 8-1**）。そして航空サービス以外に目を向けると，世の中にある数々の製品は有形性が優位にできあがっているものから，無形性が優位にできあがっているものまで，連続的に存在している（**図8-2**）。つまり，無形のサービスに有形の要素が含まれるように，有形の製品にも無形のサービスが含まれている。例えば，自動車やスマートフォンには，有形の本体製品に，その利用を便利にするアプリケーションが搭載されていたり，購入後のサポートやメンテナンス，修理といったサービスが用意されていたりする。今日では，製品本体で差別化を図ることが難しくなっており，付随サービスが製品の競争力を高めることにつながっていることも少なくない。製品のマーケティングを深く理解するためにも，サービスの特性を理解することが求められているのである。

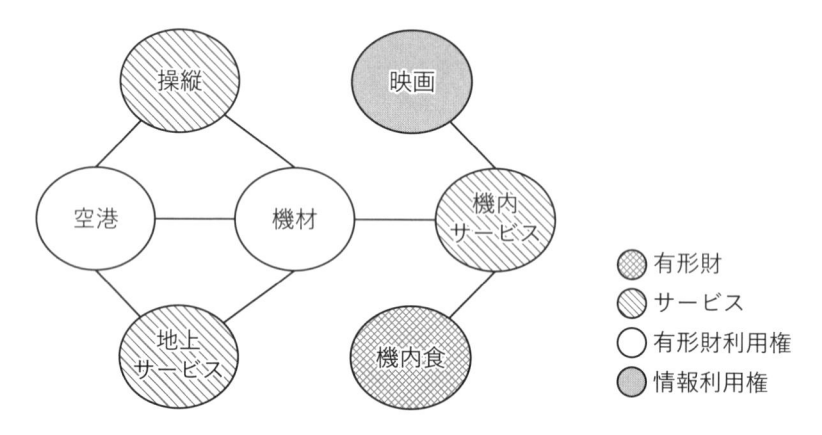

図 8-1　パッケージとしての商品（航空輸送サービスの例）
出所：山本（2007），p.53，図表 2-3 を修正して作成

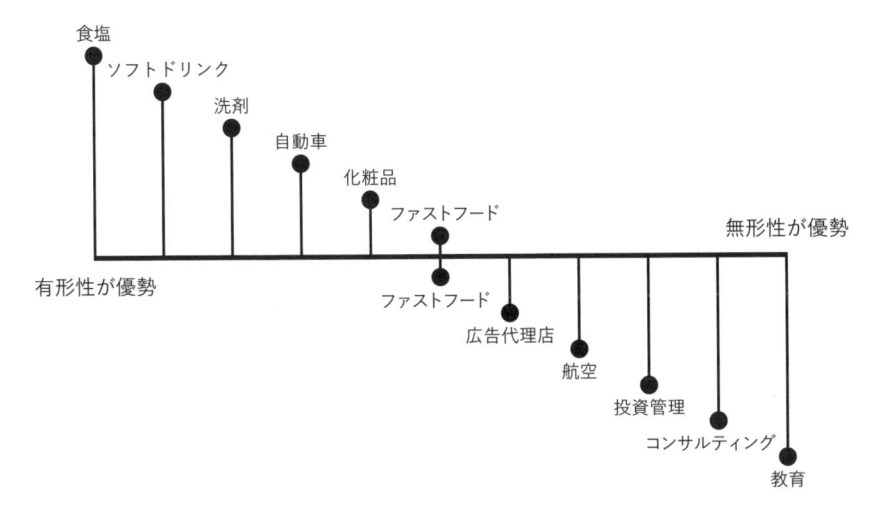

図8-2　有形性 / 無形性の強さ
出所：Shostack（1977），p.77 より作成

2.　サービスの特性

（1）経験財・信頼財としての特性

　サービス・マーケティング研究では，有形の製品との違いを分析することでサービスの特性を浮かび上がらせてきた。1つめのサービスの特性には，有形の製品と比較して購買前に品質を評価することが困難なことがあげられる。

　評価の容易さを基準に製品やサービスは，「探索財（事前に品質を知ることができる）」，「経験財（製品やサービスの使用・消費時やその後に品質を判断することできる）」，「信頼財（製品やサービスの使用・消費した後でも品質の判断が困難）」に分けられる。多くの製品は，例えば，カバンや服，パソコン，自動車がそうであるように，店頭で実際に見て，

触れて，また試用することが可能であるため，事前に品質を評価することができる。したがって有形の製品は探索財の特性を有しているということができる。他方で，サービスは品質を事前に評価することが難しく，経験財や信頼材に位置づけられる。飲食店を利用する場合，事前においしさを評価することはできず，食べたのちにはじめてわかるので経験財に分類される。医療や教育サービスを利用する場合，診療や授業を受けた後でも，どの程度病気が治ったのか，学力が向上したのかを明確に判断することは難しく，信頼財に分類される。

（2）無形性

　品質評価の困難さに加えて，サービスの重要な特性は，無形性，異質性（変動性），不可分性，消滅性の4つに整理されている。それぞれの特性や，それらの特性ゆえに求められるマーケティングの施策について，確認しておこう。

　前項で述べたように購買前にサービスを評価することは難しい。それはサービスの第1の特性である**無形性**に起因する。例えば飲食店で出される料理のおいしさやホテルの部屋の居心地，病院や学校で診療や授業を受けたことにより得られる成果といったものに物理的な形状がない。そのためサービスを見たり触れたり試用したりすることができず，事前の評価ができない，ということを意味する。

　では，事前の品質評価が難しいサービスの利用を検討する際，消費者はなにを手掛かりに意思決定をしているのだろうか。1つには，対象サービスに関連する有形の要素に注目する。例えば，飲食店の場合，建物，家具，什器，シェフや従業員の制服やみだしなみなどに注意を向ける。高校や大学が校舎や制服を一新したことで受験者の増加につながることがあるが，目に見えるこれらの要素から入学後に受けられるサービスを

推測し判断したためと考えられる。したがって企業はサービスそのものの品質向上に努めるだけでなく，消費者が目にすることができる要素に対してどのように評価を下しているのかに配慮し，必要があれば修正や強化をすることが望ましい。

　品質の手がかりを得るためのもう1つのアプローチとして，消費者はサービスが提供されるプロセスに注目する。信頼財である病院の場合，診療後であってもサービス品質を評価することは難しい。そのような場合に消費者は医師や看護師が親切だったか，医師の説明が丁寧でわかりやすかったか，スタッフの連携がとれていたか，といった受診プロセスの品質を評価することで代替する。一般的に，患者間で共有されるクチコミの多くがこうした内容であることからも推察することができる。

　加えて，消費者は対象サービスのブランド力や，外部機関の評価や認証を参考に品質を評価する。これらを強化することで，信頼の向上につなげることができる。

（3）変動性・不可分性

　工場で作られる製品とは異なり，人が提供するサービスの品質を均一にすることは困難である。なぜならサービスを提供する人によって，また同じ人であってもその日の体調や顧客との相性によって，提供されるサービスの品質に差が生じることが起こりうる。これを**変動性**という。こうしたばらつきをなくすため企業はマニュアルを作成し，従業員教育を行うなどしてサービスの品質管理に努めている。

　しかしながらマニュアル化されたサービスは，顧客の目には紋切り型なものと映り好まれない。人は顧客や状況に応じた臨機応変なサービスをより高く評価する傾向がある。企業は標準化か個別化か，事業に応じた適切な組み合わせを検討することが重要になる。

　第3の特性である**不可分性**からも従業員教育の重要性が理解できる。製品は消費に先立って工場で生産され，消費者が決めた時間や場所で消費される。つまり生産と消費が異なる時間，異なる場所で行われるが，サービスでは生産と消費が一体化しており，両者を切り離して行うことができない。不可分性と呼ばれるこの特性によって，サービス提供者の態度や接客技術が，消費者が知覚するサービス品質に大きな影響を及ぼすことに，留意する必要がある。

　他方で，この特性はサービス提供プロセスの一部を顧客に委ねることを可能にする。セルフサービスのファストフード店では従業員の代わりに顧客が自ら商品を席まで運搬する。銀行の ATM では窓口業務の一部を，スーパーマーケットのセルフレジでは会計を，機械を用いて顧客が代行する。進化する IT 技術を活用することで，顧客満足を低下させることなく一部業務を顧客に代行してもらうことが可能となった。それはサービス提供プロセスに従業員と顧客が居合わせるから実現させられることである。人手不足が大きな課題である今日において，こうした取り組みは，さらに増えるものと思われる。

　サービス提供プロセスにおける顧客参加は，顧客にポジティブな成果をもたらすことにも寄与する。上で例示したように，従業員によるサービスを受けるために長蛇の列に並ぶより，早く作業が終了するセルフサービスを望む顧客も少なくないだろう。また，顧客は自身の要望をサービス提供者に伝えることで，より好ましいサービス成果を手にすることができる。例えば病院では，患者が症状や既往病の情報を正確に医師に伝えることなく，正しい診断や治療はできない。美容室では，顧客が要望を伝え正しく指示できるかどうかで，望みどおりの髪型になるかが決まる。このように，提供者と消費者の協働によりサービスが生産されているということができる。

（4）消滅性

　第4の特性は**消滅性**である。製品は生産されたのちに倉庫で保管することができるが，サービスではそうはいかない。不可分性とも関連するが，サービスはその時，その場で消費されるものであるため，利用されなかったサービスはその時点で消滅する。在庫として保管し，後に販売することはできない。それは需要量の変動を在庫で対応することができないことを意味する。

　観光業は平日と休日，旅行シーズンか否かで需要量の変動が大きい産業である。いずれの製品もレベルの差こそあれ需要の変動はあるが，有形の製品の場合，在庫管理で対処することができる。サービス業ではそうした対策がとれないため，経営により大きな影響をもたらす。星野リゾートの星野佳路社長は，宿泊業の経営収支を「100日の黒字と265日の赤字」と表現する。旅行者が年間通して長期休暇を取得できるように，日本の休暇制度の再設計や旅行慣習の見直しを求めているのはそのためである。

　ではサービス企業は，どのように需要を管理し消滅性に対応しているのだろうか。予約システムの導入，需要に応じて変動する価格設定，閑散期の需要喚起策の実施などを行っている。

　1つめの予約システムの導入により，需要の事前把握や管理に役立てることができる。2つめの需要に合わせた価格変動とは，顧客のニーズや価格感度に合わせて価格を変動させることを指しており，多様な顧客の需要を喚起しようとしている。飲食店ではハッピーアワーと称して，夕方の早い時間や夜遅い時間のドリンクや料理を安く提供している。旅行，宿泊，エンターテイメント企業は，オフシーズンやオフタイムの価格を低く設定したり，オプションサービスを追加提供したりしている。他方で希少性の高いサービスの値段を上げることも同時に行っている。

需要に応じて価格を変動させることはダイナミック・プライシングと呼ばれ，幅広い業界で採用されている。3つめの利用客の少ない時間帯の誘客策として，ファストフード店が朝メニューを展開したり，回転すしチェーンが昼食後・夕食前の時間帯にデザートメニューを充実させたりしている。オフピークの需要喚起策を実施することで，需要の平準化を促している。

3. サービスの分類

今日，私たちが利用するサービスの形態は多様である。事業の形態によって，前節で述べたサービス特性の現れ方に差が生じ，それゆえ求められるマーケティング施策の重要度も異なる。

サービス・マーケティングでは，事業の形態を分けるいくつかの分類軸が示されている。1つめは，中核的なサービスを生み出すのが設備ベースか人ベースか，という視点である。設備ベースには自動化のレベルの違いによって，コインランドリーや洗車機のように完全に自動化されたサービスと，映画館やクリーニングのように人が設備を操作するサービスがある。人ベースには例えば教育や医療，専門職サービスがある。設備か人かの違いは，提供サービスの変動性に影響する。人ベースでは変動性が大きいが，設備ベースでは自動化を進めることで，提供サービスを均一化させられる。

2つめは，サービスの対象が人か，人の所有物かという視点である。例えば，人を対象とするサービスには教育やレストランがあり，人の所有物を対象とするサービスには貨物輸送や機械の保守や修理がある。対象が人である場合，顧客はサービスが提供される場面に出向き，サービス活動に直接参加することになる。長短はあっても一定時間，サービス活動に参加するため，前節で述べた不可分性の特性が色濃く表れる。顧

客は，サービスの結果だけでなく，サービスの提供プロセスも考慮して
サービスを評価している。したがって，サービス従業員の接客品質や態
度，顧客がサービスを利用するプロセスやサービスに関連する可視要素
がより重要になる。

　3つめは，サービスの行為が有形か無形かという視点である。有形の
サービス行為とは，人や人の所有物の有形の要素に向けられるサービス
をさしており，例えば人の体の一部である髪を切る整髪サービスや，人
の所有物である衣類を洗濯するクリーニングなどである。他方で，無形
のサービス行為とは，人や人の所有物の無形の要素，言い換えると感情
や知識，信念などに向けられるサービスである。例えば，人に向けられ
る教育，映画，ニュース報道など情報サービスや，人の所有物に向けら
れる銀行，会計サービスなどである。ここでの違いは品質評価の容易さ
に影響するだろう。有形のサービス行為の場合，利用後に品質を評価す
ることができる経験財に位置づけられるが，後者の無形のサービス行為
の場合，利用後も品質を評価することが困難な信頼財に位置づけられる。

　クリストファー・ラブロックは，上記の軸のうち活動の「対象」と「性
質」を組み合わせてサービスを4タイプに分類した。それぞれのタイプ
に含まれるサービスは**表 8-1** のとおりである。

　そのほかにも，サービスの提供主体が営利組織か非営利組織か，サー
ビスの受け手が個人か団体かといった分類軸も示されている。

4. サービスのマーケティング戦略

　サービスをよりよく理解するため，サービスの定義や特性，分類方法
を確認した。有形財との違いから対象がサービスである場合には伝統的
なマーケティングとは異なる視点を取り入れる必要がある。ここでは
サービス・マーケティング戦略にかかわる重要な概念や枠組みについて

表 8-1　サービスの分類

サービス行為の特性	サービス行為の対象	
	人	所有物
有形の行為	（人の身体を対象） 旅客輸送 健康医療サービス フィットネスクラブ レストラン 宿泊 美容室・理容室	（有形の所有物を対象） 貨物輸送 修理 / メンテナンス 清掃サービス 洗濯・ドライクリーニング 造園 獣医
無形の行為	（人の心を対象） 教育 放送 情報サービス 劇場 美術館	（無形の所有物を対象） 銀行 法律サービス 会計サービス 金融サービス 保険

出所：Lovelock（1983），p.12 を一部修正

解説する。

（1）サービス・マーケティング・ミックス

　伝統的な有形財のマーケティングでは，マーケティング目標を達成するために Product/ 製品，Price/ 価格，Place/ 流通，Promotion/ 販売促進の 4 つの P を適切に組み合わせるマーケティング・ミックスの重要性が強調されている。他方でサービス・マーケティング・ミックスでは，有形の製品とは異なる特性をサービスが有しているため，Participants/ 参加者，Process/ プロセス，Physical evidence/ 物的環境の 3 つの P を追加し検討される。

　1 つめの参加者は，顧客にサービスを提供するすべての従業員および関係者をさしている。特にサービスの提供にあたる従業員は顧客と接し，

直接，提供サービスの品質に影響をもたらすため，最も重要度が高い要因である。２つめのプロセスは，サービスが生産され提供されるまでの一連の手続きや流れである。提供の時間的経過を意味し，サービスの提供前，提供中，提供後に分けられる。中でもサービス提供中は生産と消費が同時に起きる不可分性のため重要な要因である。３つめの物的環境は，サービス提供場面の環境や設備，什器，備品などの目に見えるもののことである。その重要性はサービスの特性の１つである無形性から理解できる。目に見えない提供物の品質を事前に評価することは難しいため，顧客は目に見えるものの評価で代替するためである。

（2）サービス・エンカウンター

　１つのサービスが提供されるプロセスにおいて，顧客とサービス従業員の接点は，複数回，存在する。例えば美容室を利用する顧客は，①事前に美容室に電話で予約する。②当日，美容室を訪れ受付し，③洗い場に案内され洗髪サービスを受け，その後に④担当者にカットをしてもらう。⑤カラーや⑥ヘッドスパなどのサービスを受けることもある。⑦担当者にブローをしてもらいながら，⑧時には整髪関連商品を購入し，⑨最後に会計をする。この例では１回の美容室の利用で９つの接点がある。近年では予約をアプリで受け付けたり，洗髪やヘッドスパの一部を機械で行ったりするが，人であれ，機械であれ，複数の接点を持つことに違いはない。サービスの提供プロセスを通して品質評価の機会は数多くあり，それぞれの接点が適切なものでない限りサービス全体の評価が高まることはない。

　サービス・エンカウンターとは，サービスが提供されるプロセスにおいて，顧客が具体的なサービスと接する場面のことをさしている。この概念やその重要性は，スカンジナビア航空を再生した社長として知られ

るヤン・カールソンの著書のタイトルである「真実の瞬間（moments of the truth）」とともに広く知られている。

　真実の瞬間は，もともと，闘牛士の牛の急所を押さえた一撃を意味する言葉であるが，カールソン氏はこの言葉を顧客の心をつかむ瞬間という意味で用いた。彼の著書によれば，同社のサービスを利用する年間1000万人の顧客は，1搭乗あたり平均で5人の従業員と1回あたり15秒の接点を持っていた。この15秒間こそが真実の瞬間であり，その積み重ねが企業イメージや顧客満足を決めているのだとカールソン氏は考えた。そこでフロントスタッフが顧客と質の高い接点を持てるよう社内ルールや業務体制を変更し，企業再生につなげることに成功した。

（3）サービス・プロフィット・チェーン

　顧客満足研究の成果によれば，顧客満足が高まると，継続利用するロイヤルティ（忠誠心）の高い顧客が増加し，その結果，企業収益に好ましい影響がおよぶといった好循環が生まれる。

　では顧客満足を高めるためにはどうすればよいのか。ジェームス・ヘスケットやアール・サッサーを中心とするサービス研究グループは「サービス・プロフィット・チェーン」を示し，顧客が知覚するサービス品質を高めることや，そのために従業員満足を高めることが重要だと指摘した（図8-3）。満足度の高い従業員は離職することなく長く勤務し，価値の高いサービス提供につながる知識や技術を習得し，自身のノウハウとして蓄積する。技術的な面だけでなく仕事に対する意欲が高く，生産性も高い。それゆえ価値の高いサービスを提供することができるというのだ。

業務戦略と
サービス提供システム

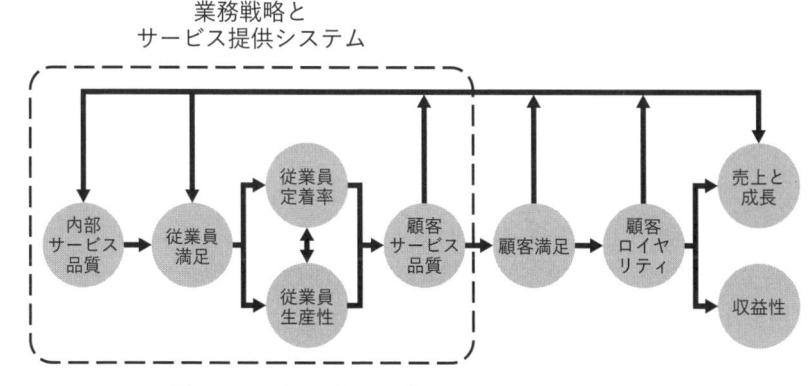

図8-3　サービス・プロフィット・チェーン

出所：ヘスケット，ジョーンズ，ラブマン，サッサー，シュレジンガー（1994），p.7
　　を一部修正

（4）サービス品質

　顧客は提供されたサービスやその品質をどのように評価しているのだ
ろうか。パラスラマンらはサービス品質を構成する5つの要素を明らか
にし，Servqual（サブクオル）と呼ばれる尺度を開発した。5つの要素
とは，信頼性（Reliability：正確で信頼できるサービスを提供すること），
対応性（Responsiveness：従業員が迅速にサービスを提供すること），
確実性（Assurance：信用を与える従業員の知識，礼儀，能力），共感
性（Empathy：一人一人の顧客に提供される気遣い），有形性（Tangibles：
施設,設備,従業員やコミュニケーションツールなど有形の要素）である。
　測定に際しては，サービス品質5要素に対する期待と知覚パフォーマ
ンス，それぞれを評価してもらい，その差を求めることで判断する。期
待と知覚パフォーマンス，2つの回答において，知覚パフォーマンスの
ほうが高く，また両者の差が大きいほど知覚品質は高いと判断される。
　サブクオルは長い間継続して用いられている測定指標であるが，事前

に確たる期待を持つことが難しいことや，一般的な調査において事前と事後の2時点で評価を求めることは難しく，事後にまとめて測定されることが多いため，期待にバイアスがかかりやすいことなどの短所がある。それゆえ，事後評価に基づき品質を確認することも行われている。

（5）サービス・トライアングル

　サービス・マーケティングでは顧客，従業員，企業のそれぞれの関係を構築するために，インターナル・マーケティング，インタラクティブ・マーケティング，そして顧客を対象に実施する一般的なマーケティングであるエクスターナル・マーケティングの3つが実践される。3つの取り組みのいずれかが強く推進されることは望ましいことではない。全体最適を目指して総合的に管理される必要があるということを提唱する概念が，**サービス・トライアングル**である（**図8-4**）。

　企業は従業員を内部の顧客と位置づけ，働きやすくやりがいが感じられる職場環境を提供する。また生産性の高い優秀な従業員を育て，従業

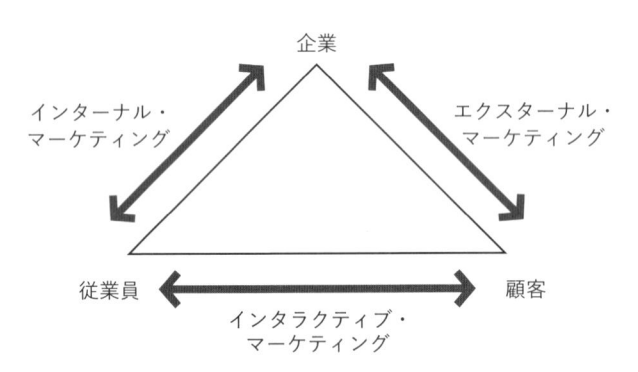

図8-4　サービス・トライアングル
出所：コトラー，アームストロング，恩藏（2014），p.185

員定着率を向上させるよう努めている。具体的には，適格者を採用し教育する，働き甲斐を感じられる仕事を設計し適した部署に配属する，優秀な従業員を評価し表彰する，よりよい顧客サービス提供に役立つツールを開発する，といった施策を講じている。

　高品質のサービスを提供するためには，さらに，顧客の協力が必要であることは既に述べた。従業員と顧客との相互作用を生み出すためにインタラクティブ・マーケティングが実践される。従業員の顧客への接し方を管理し，相互作用の場の雰囲気づくりを行う。また，顧客の活動を望ましい方向に誘導するためにルールを作り，提示し，場合によっては顧客を教育することも含まれる。

　3つのマーケティングのアプローチを総合的に管理し，全体最適を達成しなければならない。サービス・マーケティングでは，伝統的なマーケティングで実施される顧客対応以上のものが求められていることを示している。

学習課題

1．具体的なサービスや製品を取り上げ，サービス・パッケージ・モデルを用いて分解し，構成要素をあげてみよう。
2．美容室やスポーツジムなどの利用体験を思い出し，サービス・エンカウンターを抽出し，優れた事例について分析してみよう。
3．よく利用するサービスを対象に，Servqual を用いて評価をしてみよう。

参考文献

- 芳賀康弘（2010）「サービス・マーケティング」尾上伊知郎，恩藏直人，三浦俊彦，芳賀康弘編著『ベーシック・マーケティング』同文舘出版，213-239 頁。
- フィリップ・コトラー，ゲイリー・アームストロング，恩藏直人（2014）『コトラー，アームストロング，恩藏のマーケティング原理』丸善出版。
- 山本昭二（2007）『サービス・マーケティング入門』日本経済新聞出版社。
- Fisk, Raymond P., Stephen J. Grove, and Joby John（2004），*Interactive Services Marketing*, 2nd Ed., Houghton Mifflin Company.（R・P・フィスク，S・J・グローブ，J・ジョン（2005）『サービス・マーケティング入門』（小川孔輔・戸田圭子監訳），法政大学出版局）
- Heskett, James, Tomas O. Jones, Gary W. Loveman, W. Earl Sasser, Jr., and Leonard A. Schlesinger（1994），"Putting the Service-Profit Chain to Work," *Havard Business Review*, March-April, pp.164-174.（J・L・ヘスケット，T・O・ジョーンズ，G・W・ラブマン，W・E・サッサー Jr., L・A・シュレジンガー（1994）「サービス・プロフィット・チェーンの実践法」（小野讓司訳）『DIAMOND ハーバード・ビジネス・レビュー』June-July, pp.4-15）
- Lovelock, Christopher H.（1983），"Classifying Services to Gain Strategic Marketing Insights," *Journal of Marketing*, 47（3），p.9-20.
- Shostack, G. Lynn（1977），"Breaking Free from Product Marketing," *Journal of Marketing*, 41（2），73-80.

9 │ ブランド戦略

安藤和代

《**目標＆ポイント**》 売れ続けるしくみの構築に大きく貢献する強いブランドをいかにして育成し，マネジメントするのか。マーケティングの中心的な戦略課題の1つである。本章ではブランドの起源や定義，ブランドが重視される背景について最初に理解する。そしてブランドを資産と考えるブランド・エクイティの概念や，その構築に関わる概念や技法について詳しく学ぶ。

《**キーワード**》 ブランドの定義，ブランド・エクイティ，ブランド認知，ブランド連想，ブランド要素，ブランド拡張

1. ブランドのはじまりと重要性の高まり

（1）ブランドの起源

　ブランドの起源は諸説あるが，焼き印をつけることを意味する古ノルド語「brandr（現在の burned）」にあるといわれている。牛や馬などの家畜に焼き印を入れることで他の生産者のそれと区別する。ブランドは製造物を識別するための印として機能するものであることが，起源から読み取れる。

　今日的なブランドの先駆けに P&G の石鹸「IVORY（アイボリー）」がある。P&G は 1879 年にそれまで量り売りされていた石鹸を個別包装し，パッケージに「IVORY」のブランド名を印刷して販売した。包装されていなければ外見で見分けることが難しい粗悪な他社の石鹸と，自社の石鹸を識別することが可能となった。このことからブランドは，品

質を保証し，他社製品と差別化する目印の役割を果たしていることがわかる。アイボリーの例では，同時に新聞を使って全国的な広告を展開することでブランドの知名度やパッケージの認知度を高め，指名買いを促進させることや，売り場を確保することに成功した。今日まで続く強固なブランドの礎はこうして築かれた。

　今日ではブランド名のないものは存在しないと言っても過言ではない。ブランドという言葉から連想されやすい高級なファッション商品や宝飾品にとどまらない。自動車や菓子など有形の製品，パソコンのCPUや自動車のタイヤなど製品部品，飲食店やホテルなど無形のサービス，携帯電話の通信サービスやオンライン・ショッピングモールなどのオンライン・サービス，大学や弁護士事務所など非営利法人，そのほか観光エリアやイベントなど，価格帯やカテゴリーを問わず多岐にわたる。基本的な品質において商品間で大きな違いがないとみなされてきた塩やティッシュ・ペーパー，農産物，海産物などのコモディティにおいても，ブランド名で識別されるようになって久しい。

（2）ブランドの重要性の高まりとその背景

　これほどブランドが重要視されるようになったのはなぜなのか。背景の1つには市場での競争激化がある。1980年代から1990年代にかけて英米を中心に自由主義的な経済政策がとられ，日本においても規制の撤廃や緩和が進められた。そうした動きの中で消費者に提供される選択肢は増加し，すでに成熟していた市場での競争がさらに激化したのである。

　市場でより多くの商品が流通するようになった一方で，どの製品やサービスを選択しても機能的な差異を見出しにくい状態，いわゆるコモディティ化が進んだ。製品やサービスを生み出す技術力が高い水準で均一化したためである。企業は機能面の強化によって製品力を高めること

に加えて，他社製品にない独自の特徴を訴える必要性を強く認識するようになった。そして独自のイメージや世界観を創り上げ，顧客との間に強い結びつきを作ることを目指し，ブランド構築に熱心に取り組むようになったのである。

　加えてブランド・エクイティ論の登場がある。1980 年代には企業や事業の合併や買収が盛んに行われるようになった。買収案件の中には，ブランドを「のれん代」として資産計上したことで有力ブランドを保有する企業の資産価値が大幅に高まるケースがあり，注目が集まった。企業はブランドがもつ財務的な価値への関心を高め，単に識別機能を果たす名称としてではなく，競争優位をもたらす資産（エクイティ）としてブランドを捉えるようになった。そして長期視点でブランド価値を向上させることの重要性を強く認識するようになったのである。

2.　ブランド・エクイティ

（1）ブランド・エクイティの定義

　ブランド・エクイティという概念が登場し，ブランドは「人」「モノ」「カネ」「情報」につづく 5 つめの資産と考えられるようになった。ブランド研究者として名高いケビン・ケラーは「ブランドという無形資産こそ，多くの企業が有する最も価値ある資産」と述べている。そしてブランド・エクイティの概念を体系化したデービッド・アーカーは，ブランド・エクイティを「あるブランドの名前やロゴから連想されるプラスの要素とマイナスの要素との総和」と定義づけている。連想するのは顧客であり，連想される内容は顧客の有するブランドにまつわる知識や感情にひもつく。つまり，人やモノ，カネは企業に蓄積される資産であるが，ブランド・エクイティは消費者の頭の中に蓄積される企業にまつわる資産ということができる。経営トップもこの点をよく理解している。例え

ばユニリーバの元会長ナイル・フィッツジェラルドは「ブランドは信頼の貯蔵庫のようなもの」と表現し，「信頼の重要性は選択肢の多様化に伴って，ますます高まりつつある」と述べている。

　名前やロゴといったブランド要素から生じる好ましい，あるいは好ましくない連想は，消費者のブランドに対する態度や，ブランドの広告や販促活動，新規出店，価格変更といったマーケティング施策への反応に影響する。したがってブランド・エクイティを「ブランドネームを知ることによって，製品とそのマーケティングへの顧客の反応が変わる差異効果のこと」とする定義もある。

（2）ブランド・エクイティの構成要素

　デービッド・アーカーはブランド・エクイティを構成する要素を「ブランド認知」「ブランド・ロイヤルティ」「知覚品質」「ブランド連想」「特許・商標など法的資産」の5つに整理している。

　ブランド認知とは，どれだけ多くの消費者がそのブランドを知っているのかということである。消費者は知らないブランドを買おうとはしないだろう。知名度が高まることで購買時に選択される確率は高くなる。したがって，ブランドが広く知られているほどブランド・エクイティは高くなる。

　ブランド・ロイヤルティとは，消費者がそのブランドへのこだわりや好意的な態度を持ち反復して購買する，そのレベルのことである。ブランド・ロイヤルティが高い顧客は，競合他社のブランドが安売りしていたとしても簡単にはスイッチしない。当該ブランドが売り切れであれば，別の店舗にまで足を運んで購入してくれるといったブランドの支持者である。ブランド・ロイヤルティはブランド・エクイティを高める重要な要素である。

　知覚品質とは，消費者が感じ取るブランドの品質のことである。消費者の主観に基づき評価し知覚される品質は，機能やスペックなど物理的，客観的に判断される品質より，購買時の意思決定やブランド・ロイヤルティ，支払い意思に直接的に影響し，ブランド・エクイティに大きな影響を与える。品質の実態がどうであるのかより，消費者がどのように感じているのかのほうが重要である。

　ブランド連想とは，ブランドの名前などの手がかりが示されたとき消費者は当該ブランドについて何を思い出し，どのようなイメージを抱くのかということである。例えばユニクロという名前を聞いたとき，消費者は衣料品の製造販売業という事業カテゴリーや赤色で塗られた四角形にシロ抜きでユニクロと書かれたロゴ，機能性が高くベーシックな商品，高コストパフォーマンスといった顧客にとってのベネフィット，CMや店舗の映像，創業者の柳井正氏，カジュアル衣料ならではの親しみやすいイメージなど多くのことを連想するのではないだろうか。

　ブランド連想は，心理学で開発された連合ネットワークモデルを基盤としている。私たちの記憶の中には様々な知識が蓄えられているが，それぞれが独立しているのではなく，関連のある知識が結びついてネットワーク状になっていることを，このモデルは提唱する。知識と知識を結びつけている要素をリンク，個々の知識をノードと呼ぶ。ブランド連想の場合，ブランドネームを中心的なノードとして，関連する知識であるノードとリンクで結ばれ，またそれぞれのノードが他のノードと結ばれることでブランドネームを中心とした豊かなネットワークが構築される。

　さらにこのモデルでは，ある知識が記憶から取り出されるとき，その知識と結びつきのある知識は記憶の中で取り出されやすい状態になることが想定されている。したがって，ブランドネームとリンクされたノー

ドが好ましい事柄であるならば，ブランドネームと共に想起されやすく，それがブランドに好ましい影響をもたらすことが期待できる。ブランドが強くて，好ましくて，ユニークな事柄と結びついたブランド連想を構築していることが，ブランド・エクイティを高める必要条件である。

　そのほか，**特許・商標などの法的資産**がある。他の4要素とは性質がやや異なるが，自社のブランド価値や権利が損なわれることのないよう適切に対応しておく必要があり，法的手続きを通して得られた特許や商標は，ブランド・エクイティを維持するために有効で重要な要素である。

3. ブランド要素とその選択

　多くの場合，消費者はその名前を知ることでブランドを認識するようになる。しかしそればかりではない。周りの人が同じロゴの商品を持っていることに気づいた，テレビや店舗内で流れていたCMソングが耳から離れない，店舗の陳列棚に並ぶ商品のパッケージ・デザインに目が留まったなど多様なきっかけで，人はブランドを知ることになる。これら要素の適切な選択は，ブランド・エクイティの構築にもつながるため，とても重要である。

（1）ブランドの要素

　他のブランドとの識別性を高める手段を，ケビン・ケラーはブランド要素と呼び，「ネーム」「ロゴ／シンボル」「スローガン」「キャラクター」「ジングル」「パッケージ」の6つをあげている。

　ネームは，文字通り，ブランドの名称である。多くの場合，消費者はネームによってブランドを認識し，ネームを核としてブランド連想を構築する。ネーム自体が製品やその特長，ブランドの意味や価値を伝えるものである場合には，ブランド連想がより豊かなものになるだろう。い

ずれにしても，ネームはブランド要素の中核的な存在である。

　ネームが人々の好ましい印象を引き出すものであるならば，それだけで有利なブランド・マネジメントが可能となることを，米国で実施された実験の結果が示している。同実験で同じ女性の写真を見せられた参加者のうち，半数は人気の高い現代風の名前，残りの半数はやや古めかしい名前で紹介された。その後で写真の女性に対する印象度を尋ねたところ，多くの人は人気のある今日的な名前を持つ女性に対して，より好ましい評価を下した。つまり実態は同じであっても，人は名前によって異なる印象を持つことをこの実験結果は示している。どのようなネームが好まれるのかといえば，一般的には，短く，発音しやすく，響きの良いネーム，あるいは愛称を作りやすい，韻が踏まれている，音が繰り返されるネームであることが明らかになっている。

　ロゴは，ブランドのネームやその一部の文字を図案化し装飾したものである。ネームとロゴとが一体となったもので，視覚と聴覚の両面に訴えることができる。**シンボル**は，ロゴと同様に，ブランド価値やメッセージを象徴する視覚的要素である。例えば，森永製菓のエンゼルマークは明治38年から使われている。同社ホームページによれば，創業者の森永太一郎氏は日本に西洋菓子を普及させることを目標とし，当時，「エンゼルフード」の別称を持つマシュマロを作っていたことから，シンボルマークにエンゼルを用いたという。同様にヤマト運輸は，「careful handling（丁寧な荷扱い）」の象徴として親子猫マークをシンボルマークの原案とした。2021年には微修正を加えたが，その主たる目的は「時代対応させた"次の運び方"をつくる」という意思の表明にあったという。

　スローガンとは，ブランドのコンセプトや特徴を短いフレーズで表したものである。ロゴとともに表現することでブランド認知をさらに高めることができる。またスローガンは，簡潔なメッセージであるため，ブ

ランドの価値や世界観を広く知らしめることに役立つ。ニトリの「お，ねだん以上」やファミリーマートの「あなたと，コンビに」，サントリーの「水と生きる」などのスローガンを多くの読者は耳にし，各社のビジネスや価値観を知るようになったことだろう。

　キャラクターはシンボルの特殊な形態と位置づけられる。架空あるいは実在の人物や動物などをかたどってオリジナルのキャラクターが作られる。マクドナルドの「ドナルド・マクドナルド」や楽天市場の「お買い物パンダ」など数多くの例がある。広告に起用した芸能人などをキャラクターとするブランドもある。

　ジングルは，ブランドに関する音楽によるメッセージのことである。コマーシャルで流れるオリジナルの音楽や，既存の曲を長年の間使い続けることでブランドとの連想が構築され，ジングルとみなされる場合もある。多くの人がこれらの曲を聴くことで，ブランドや提供物を想い起こすだろう。

　ジングルには，主として CM の最後に音楽にのせて届けられる短いメッセージも含まれる。「ココロも満タンに…（コスモ石油）」「いいことあるぞ…（ミスタードーナッツ）」などである。また歌詞がない短いリズムだけのジングルには，キリンや森永，エステー，ソニーのプレーステーションのコマーシャルでの採用例がある。

　最後は**パッケージ**である。パッケージの色，形状や素材などを工夫することで，ブランドのコンセプトやユニークさを表現することができる。コカ・コーラ社の「いろはす」の容器は，リサイクルペットボトルから作られており，また簡単に平らにつぶすことができる。こうしたパッケージの特徴が，商品のコンセプトである「私に気持ちいい，新しい水のかたち」や，持続可能な社会の実現に向けた同社の取り組み姿勢を表現している。今日では店頭で数多くの同種の商品が扱われており，類似する

商品の中で存在感を示すことが難しい。コンセプトを表現するユニークなパッケージは「もの言わぬ販売員」として重要な役割を果たしている。

（2）ブランド要素の選択基準

ブランド要素を選択する際の基準について,「記憶可能性」「意味性」「移転可能性」「適合性」「防御可能性」の5点をあらためてここに示しておこう。

第4章で学んだブランド・カテゴライゼーションを思い出してほしい。消費者に選ばれるためには, ブランドが知られており（知名）, ブランドを評価し判断するために必要な情報を有しており（知識）, それら情報が好ましくユニークなブランド連想につながることが重要であることを学んだ。したがって, ブランド要素は, 目につきやすく覚えやすいといった高い**記憶可能性**, あるいは消費者の記憶の中で好ましく独自性のあるノード（知識）として連想を豊かにする高い**意味性**を有していることが望ましい。

3つめは**移転可能性**である。ブランドが成功した場合, 製品カテゴリーや地域・国を超えて拡張する可能性がある。したがってブランド拡張に制限を加えないブランド要素にする必要がある。例えば, 特定の製品やサービス, その特徴を示すブランド要素や, 他の地域や国では本国とは異なる否定的な音の響きや意味を持つブランド要素は避けるべきである。同様に**適合性**が高い要素であることが望ましい。時代の経過により環境や消費者の価値観が変化することで, ブランド要素が適合しなくなるといったことがないようにするべきである。長期的な視野で選択することが望ましい。

最後は**防御可能性**である。ブランドが資産であると理解するならば防衛体制を整えておくことの重要性を容易に理解するだろう。ブランド

ネームやロゴ，キャラクターなどは商標登録や意匠登録をすることで法的に保護することができる。法的な対応ができない場合においても，他社が容易に模倣することができないように注意を払う必要がある。

4. ブランドの機能と価値構造

（1）ブランドの価値構造

　ブランドと単なる製品の違いをどのように理解すればよいのだろうか。1つには実態物としての製品と象徴的な記号としてのブランドとに分けることができる。また価値の差異に注目するならば，**図9-1**のように，4つの価値構造で製品とブランドの価値を図示することができる。

　ピラミッド型モデルの底辺に位置する**基本価値**は，製品として成り立つために求められる基本的な性能や品質にひもつく価値である。**便宜価値**は，手ごろな価格や取り扱い店舗の多さ，入手しやすさ，使用上の便利さなどを提供する価値を指している。製品価値と言い換えることがで

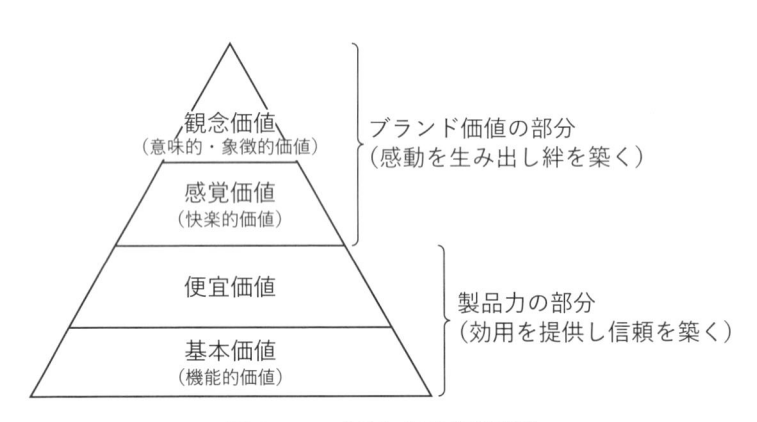

図9-1　ブランドの価値構造
出所：青木，上田編（2009），p.109〔和田（2002）に基づいて作成されたもの〕

きるこれら2つの価値は製品に備わっていて当然のものと消費者はみなすため，それらを提供するだけでは競争が激化する市場において埋没してしまう。

　製品とブランドを分ける価値には**感覚価値**と**観念価値**がある。前者は五感の心地よさなど製品を消費する楽しさや魅力を高める価値，後者は製品のコンセプトや歴史，それらから生起するストーリー性や世界観などが生み出す価値である。感覚価値や観念価値といったブランド価値を高めることで，企業は消費者のブランドに対する選好を高め，愛顧を獲得し，情緒的な絆を築くことを目指している。

（2）ブランドの機能

　前項のブランド価値の議論を踏まえ，ブランドの機能をここで整理しておこう。最も基本的な機能は，起源にもみられるように「**識別機能**」である。ブランドは自社製品と他社製品との識別を容易にする。次は，「**品質保証機能**」である。ブランドが製造元を明示することで，一定の品質が保証される。また，それは製品に関する責任の所在を明確にすることを意味する（「**出所表示機能**」）。

　消費者の視点で見ると，識別機能や品質保証機能によって購買時の情報処理や意思決定を容易にする機能（「**情報処理コスト低減機能**」）や，製造元が明確であることで不具合が生じた場合に申し出る先が明確であるため，知覚するリスクが低減し安心感が高まるといった機能（「**知覚リスク低減機能**」）をブランドに認めることができる。

　最後は「**意味づけ・象徴機能**」である。前項で述べたように，ブランドは製品価値の象徴であると同時に，五感や認知に訴える豊かな感覚的・観念的価値の象徴でもある。理想とする価値観やイメージを有するブランドを所有し利用することで，消費者はブランド価値を自身に投影させ

ている。感覚的, 観念的に豊かな価値があればあるほど, 自己表現のツールとしての価値が高まるだろう。こうした傾向は, アパレルやバック, スニーカーなどのファッション製品や宝飾品, 自動車, 腕時計などで見られる。

　近年, 消費者は自身の経験をブログや SNS メディアで容易に発信することができるため, 憧れの製品を入手したり, 話題のレストランやカフェサービスを利用したり, 人気の場所や旅行先に出向いたりしたときには, その体験を SNS に投稿する。生活のあらゆるシーンが自己表現の機会であり, 自身の情報感度やファッション感度の高さを誇示する場所になっている。こうした自己表現のための消費を顕示的消費と呼ぶが, ブランドは有効なツールとして機能する。

5. ブランドの管理

　従来, ブランドは製品政策の一要素とみなされ, ネームやロゴといったブランド要素の選択や管理が主に検討された。ブランドの重要性が高まるにつれてブランドは 4 つの P と同等の政策に位置づけられるようになり, さらにはマーケティング・ミックスの意思決定の指針とされるなど, マーケティングの中核に位置づけられるようになった。

　ブランドが置かれた状況に応じて異なる戦略が採用されるが, 第 2 章で学んだ成長戦略と照らして考えるとわかりやすい。アンゾフの成長マトリックスでは, 製品と市場のそれぞれが新規か既存かによって 4 つの方針に分類された。同様に, ブランド (B) と市場 (M) のそれぞれが新規か既存かによって, 「ブランド強化 (B:既存・M:既存)」「ブランド・リポジショニング (B:既存・M:新)」「ブランド変更 (B:新・M:既存)」「ブランド開発 (B:新・M:新)」がある。

　ブランド強化は, ブランドも対象市場も変更せず, ブランドを強化す

るという方針である。最もリスクの低い戦略といえる。市場への浸透が不十分であったり，ブランドの鮮度が低下したりしたときなどに，製品を改良し販売チャネルやプロモーションを強化することでブランドの魅力を高め，購買行動に結びつけるよう努めることである。

ブランドのポジションの変更を意味する**ブランド・リポジショニング**は，ブランド開発時のポジショニングが外部環境の変化などで適合しなくなったと判断したときにとられる方針である。ポジショニングを変更することで新たな顧客に向けて既存のブランドを展開する戦略である。大塚製薬の「ポカリスエット」は発売当初はスポーツ飲料としてのポジショニングを確立していたが，今日では体液に近い成分であることを強調し「渇きに効く」「健康によいイオンバランス飲料」として新たなポジショニングを築いている。スポーツ飲料市場の競争激化，水分調整に不得手な高齢者の人口増大，温暖化による夏の気温上昇といった外部環境が変化する中で，リポジショニングを行い，対象市場を変更することでブランド強化を行った事例である。

ブランド変更とは，既存の市場で新ブランドを展開する方法である。値引きが常態化，売場スペースの確保が困難，といった場合に新しいブランドに切り替えることで消費者や流通業者に鮮度を与え，新展開の突破口を見出す方法である。既存ブランドで築いてきたブランドの知名度や知識，連想を手放すことを意味し，新ブランドでそれらを一から創り上げる必要がある。リスクの高い選択であり，現状が極めて厳しい場合にとられる戦略である。

最後は，新しいブランドで新しい市場を狙う**ブランド開発**である。真新しいブランドを経験のない市場で展開するため，最もリスクの高い戦略といえるだろう。リスクを低減させる方法として，**ブランド拡張戦略**がある。ある製品で成功を収めたブランドを別の製品カテゴリーに用い

るもので，同一カテゴリー内でラインを増やすライン拡張と，別のカテゴリーで新たな種類の製品を展開するカテゴリー拡張の2種類がある。

ライン拡張とは，例えば食品において味やサイズの種類を増やしたり，雑貨において色やデザインの種類を増やしたりするといったことである。新たな顧客を開拓できずにライン間で既存顧客を奪い合うだけでは意味がない。共食い（カニバリゼーション）にならないよう注意する必要がある。

カテゴリー拡張とは，例えば洋服のブランドがバックや靴などファッション雑貨を展開したり，スキンケア製品のブランドがメイクアップ製品を展開したりするといったことである。新規ブランドを立ち上げるよりもマーケティング費用を節約することができる。成功すればブランド全体の価値を強化することにつながるが，失敗すれば親ブランドである既存ブランドのイメージに負の影響をもたらしかねない。親ブランドが築いた価値を傷つけることがないよう，ブランド拡張の意思決定を慎重に行うべきである。

学習課題

1．特定のブランドを1つ取り上げて，ブランド要素を分析してみよう。
2．課題1で取り上げたブランドのライバルブランドについても，同様に分析し，両者を比較することでそれぞれのブランド力を考察してみよう。
3．ブランド・リポジショニングやブランド拡張の事例を探して，その意図や背景にある外部環境要因を分析してみよう。

参考文献

- 青木幸弘・上田隆穂編 (2009)『マーケティングを学ぶ (下) ―売れ続けるしくみ―』中央経済社。
- 池田謙一, 唐沢穣, 工藤恵理子, 村本由紀子 (2019)『社会心理学〔補訂版〕』有斐閣。
- 恩藏直人 (2019)『マーケティング〔第2版〕』日本経済新聞出版社。
- ケビン・レーン・ケラー (2015)『エッセンシャル戦略的ブランドマネジメント〔第4版〕』東急エージェンシー。
- 田中洋編 (2014)『ブランド戦略全書』有斐閣。
- デービッド・アーカー (2014)『ブランド論』ダイヤモンド社。
- フィリップ・コトラー, ゲイリー・アームストロング, 恩藏直人 (2014)『コトラー, アームストロング, 恩藏のマーケティング原理』丸善出版。
- 和田充夫 (2002)『ブランド価値共創』同文舘出版。

10 | 価格戦略

石井裕明

《目標＆ポイント》　適切な価格を設定できないと，企業は利益を生み出すことができない。本章では価格設定の方針を確認した後，価格に対する顧客の反応や具体的な価格設定の方法について学んでいく。さらに，近年，注目を集めている価格設定手法を学習することで，理解を深める。
《キーワード》　コスト・プラス法，損益分岐点，需要の価格弾力性，ダイナミック・プライシング

1．価格設定の主要因

　マーケティング・ミックスの中で，価格は収入を生み出す唯一の要素である。だからこそ，巧みな価格設定は，ビジネスの収益性に直結する。適切な価格を決めるためには，コスト，需要，競争の3つの視点から検討しなくてはならない。

（1）コストに基づく価格設定

　大学の学園祭や地域のお祭りに焼きそばの屋台を出店することを考えてほしい。あなたはどんな価格設定をするだろうか。おそらく最初に考えるのは，焼きそばを作るためにどの程度のコストが必要になるかという点だろう。

　一般的に，企業が導入可能な価格の下限は，製品やサービスの提供にかかるコストの水準となる。学園祭やお祭りの焼きそばにおいても，1

皿あたりのコストが分かれば，適切な価格設定をする上での一助となる。こうした 1 皿あたりのコストを算出する際に気を付けなくてはならないのが，**変動費**と**固定費**という 2 種類のコストの存在である。

　変動費とは，生産高に応じて変動するコストのことであり，原材料費や光熱費が代表的である。学園祭やお祭りの焼きそばでいえば，肉，野菜，麺などの材料をイメージするとよい。その一方で，生産高に関わらず必要になるコストもある。学園祭やお祭りの焼きそばを売る際に，鉄板やガスコンロなどをレンタルしたり購入したりした場合には，どれほど商品が売れたとしても，かかったコストは一定となるだろう。こうしたコストのことを固定費と呼ぶ。変動費と固定費の合計が総コストとなる。

　固定費と製品 1 つあたりの変動費を把握したうえで，販売数量が予想できれば，製品 1 つあたりのコストを計算することができる。例えば，学園祭やお祭りの焼きそばで考えた場合に，鉄板やガスコンロなどのレンタル料が固定費として 10,000 円かかり，肉，野菜，麺などの材料費が 1 皿あたり 150 円かかるとしよう。この時，1 日の販売数量が 200 皿だとすれば，総コストは 40,000 円，1 皿あたりのコストは 200 円になると考えられる。

$$単位コスト = \{(変動費 × 販売数量) + 固定費\} ÷ 販売数量$$
$$= 変動費 + (固定費 / 販売数量)$$
$$= 150 + (10,000 / 200) = 200 円$$

こうした単位コストに一定の利益率を加えて計算すると，特定の価格を導き出すことができる。たとえば，価格全体に占める利益の割合である利益率を 20％として計算すると，単位コストである 200 円が 80％になるような価格を設定すれば良いことになる。したがって，単位コストを全体から利益率分を除した 0.8 で割ることにより，利益率分を加えた価

格が導出される。

$$価格＝単位コスト／（1－期待利益率）$$
$$＝200／（1－0.2）$$
$$＝250円$$

以上のような単位コストに一定の利益率を上乗せして価格決定をする方法のことを**コスト・プラス法**と呼ぶ。コスト・プラス法は費やされるコストをベースに価格が算出されるため，比較的シンプルに価格水準を導出できることに加えて，購買者からも公正であるとみなされやすいメリットがある。その一方で，販売数量が提供者側の見込みに基づくものである点がデメリットとなる。こうしたデメリットを補うためには，特定の価格を設定した際に，利益を獲得できる販売水準を把握していくことが重要になるだろう。そのため，コストの金額と売上の金額が同一になる**損益分岐点**を把握し，利益を獲得するための最低水準を把握しておくことも必要である（**図 10-1** 参照）。

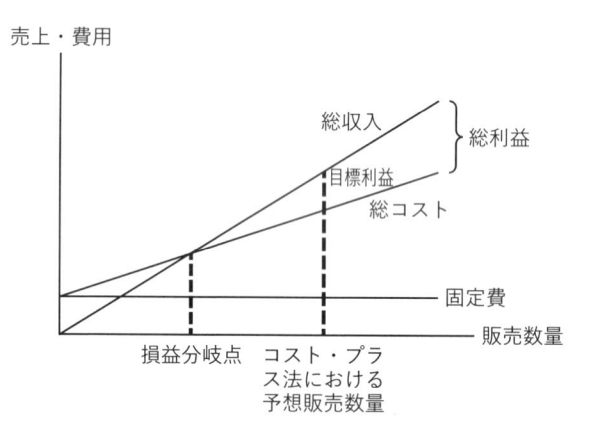

図 10-1　コスト・プラス法と損益分岐点

　損益分岐点は，「固定費＋（変動費×販売数量）」で求められる総コストと「価格×販売数量」で求められる総売上が同一になる販売数量を求めればよい。

$$価格×損益分岐点の販売数量$$
$$=固定費＋（変動費×損益分岐点の販売数量）$$
$$\downarrow$$
$$（価格×損益分岐点の販売数量）－（変動費×損益分岐点の販売数量）$$
$$=固定費$$
$$\downarrow$$
$$損益分岐点の販売数量×（価格－変動費）＝固定費$$
$$\downarrow$$
$$損益分岐点の販売数量＝固定費／（価格－変動費）$$

したがって，先ほどの焼きそばの例でいえば，販売数量 100 皿が損益分岐点ということになり，販売数量が 100 皿に達しなかった場合には，赤字になってしまうことになるが，100 皿よりも多く売れれば利益を獲得できることになる。

　損益分岐点の分析からは，高価格を設定すれば黒字化する販売数は低下することが示唆されるが，実際には需要自体も低下してしまう恐れがある。その一方，低価格を設定すれば需要は増加する可能性が高いものの，黒字化させるために多くの販売が必要になることも見えてくる。こうした点を踏まえると，価格設定にはコストだけでなく，需要や競争状況も考慮しなくてはならないことが分かるはずである。

（2）需要に基づく価格設定

　価格はコストだけで設定できるものではない。製品やサービスの価格

が購買者にとって支払ってもよい価格帯でないと，購入されることはないからである。

　それでは購買者にとって，価格はどのような存在なのであろうか。1つには「支出の痛み」としての価格の姿がある。「支出の痛み」としての価格を念頭に置くと，消費者は低価格であればあるほど商品を購入することになる。実際，多くの場合において，消費者は低価格を歓迎する。こうした点を重視するのであれば，需要に基づく価格設定を行う場合には，消費者が当該製品やサービスに対して感じている価値を把握し，消費者が当該製品やサービスに支払ってもよいと考える最大の価格である支払い意思額以下に価格を抑制しなくてはならない。近年，眼鏡市場においては，比較的安い価格帯で製品を展開するブランドがしのぎを削っている。こうした低価格設定の背景には，医療器具であった眼鏡をファッションアイテムと捉えた場合，購買者がどの程度の価格であれば購入するか，という点が重視されたといわれている。設定する価格からコストを検討している点において，コストに基づく価格設定とは大きく異なることが分かる。

　その一方で，一部の製品や購買行動においては，低価格によって購買意欲が低下する場合があることも知られている。価格の低下によって購買意欲が低下する1つの理由は，価格が品質のバロメーターとしての役割を果たしているからである。「安かろう悪かろう」という言葉が浸透しているとおり，購買者はしばしば価格から品質を推し量ることがある。そのような製品やサービスにおいては，あまりにも価格が低すぎると，提供されている製品やサービスの品質に対して購買者が不安を感じ，需要が低下することもある。例えば，事前に製品を確認することのできないECサイトでの購入場面や，品質を確かめることのできないホテルや旅館などのサービスにおいて，あまりに価格が安いとどことなく不安を

感じる人も多いのではないだろうか。

　価格の低下によって購買意欲が低下するもう1つの理由は，価格には
プレステージ性をもたらす役割があるからである。ジュエリーや時計，
バッグ，自動車などにおいては，高価格の製品を購入することにより，
自らのプレステージ性を表現したり，強化したりしようとする購買者が
一定数存在している。こうしたカテゴリーや購買者においては，価格の
低下はかえって製品やサービスの魅力を低下させてしまうのである。

　価格が品質のバロメーターやプレステージ性として機能しているから
こそ，価格設定においては，しばしば威光価格と呼ばれる価格設定が行
われることがある。威光価格とは，高価格の商品のほうが品質やプレス
テージ性に優れていると感じる消費者の特性に注目し，高価格を設定す
ることで，消費者の需要を高めようとする手法のことである。

（3）競争に基づく価格設定

　消費者の購買意欲を喚起し，コストを賄える価格を設定したとしても，
競合他社の動きを把握せずに利益を確保することは難しいであろう。多
くの顧客は，競合する製品やサービスの価格と比較しながら最終的な購
買意思決定を下すからである。

　もし売り手が自社のみであり，競争が存在しない独占状態なのであれ
ば，価格設定は自社の裁量によって決められる。その一方で，多くの競
争相手が存在し，商品自体に大きな違いを生み出せない場合には，顧客
は価格が少しでも安いものを購入しようとすることになる。こうした市
場では，競合他社よりも低価格で商品を提供できないと顧客から見向き
もされなくなってしまうため，自社で価格を設定することが難しくなる。
このように，競争の状態に応じてどのような価格設定ができるかは大き
く変わってくる。多くの市場では，一定の競争が存在しているため，製

品品質やブランド・イメージなどから他社との違いを訴えながら，それに応じた価格を設定することとなる。競合他社よりも製品品質やブランド・イメージなどが好ましい場合には高価格設定を実現できるが，競合他社よりも製品品質やブランド・イメージが劣っている場合には低価格を設定しなくてはならない。

2. 価格の変更と顧客の反応

（1）需要の価格弾力性

　前節でも確認したとおり，価格によって需要量は大きく変わる。その一方で，その変化の幅は様々である。同じ10％の値引きであっても，大幅に需要が増える製品やサービスがある一方で，需要がそれほど変わらない製品やサービスも存在するのである。こうした価格と需要との関係を検討するためにしばしば用いられるのが**需要の価格弾力性**という考え方である（**図10-2**参照）。

　需要の価格弾力性においては，価格の変化率に対する需要の変化率を指標とすることで，それぞれの製品やサービスにおいて価格に対する反

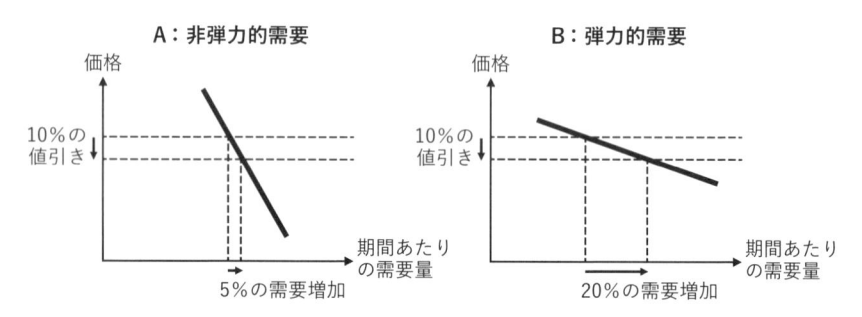

図10-2　需要の価格弾力性
出所：コトラー，ケラー，チェルネフ（2022），p.401，図11.1を参考に作成

応を検討していくことになる。

　　需要の価格弾力性＝販売量の変化率（％）／価格の変化率（％）

　たとえば，価格を 10％引き下げた場合に販売量が 20％伸びたのであれば，需要の価格弾力性は－ 2 となり，価格を 10％引き下げた場合に販売量が 5％しか伸びなかったのであれば需要の価格弾力性は－ 0.5 となる。一部の例外的な製品やサービスを除き，価格が低下すると販売量は増加するため，需要の価格弾力性はマイナスの値となることが多い。また，販売量の変化率と価格の変化率が同一となる絶対値が 1 の場合には，企業側の総収入に影響がないと考えられるため，1 を基準として考える。一般的に，絶対値が 1 を上回る場合には弾力的として評価され，価格の変動以上に需要が変化するものと考えられる。したがって，値下げにより総収入を増加させられる可能性が高い。その一方，絶対値が 1 を下回る場合には非弾力的として評価され，価格の変動ほどには需要が変化しないことを示唆している。もし，価格が上昇しても需要がそれほど変化しないと考えられるため，値上げにより総収入を増加させられる可能性が高くなる。

（2）交差弾力性

　特定製品の価格の変化は，当該製品の需要のみに影響するわけではない。通常，競争関係にある製品間であれば，一方の製品の値引きは当該製品の需要増加につながり，結果的に競合関係にある製品の需要低下を招く可能性が高い。このように，ある製品 A の価格変化に対する別の製品 B の需要変化を把握するため，**交差弾力性**という考え方が用いられることがある（**図 10-3** 参照）。

　交差弾力性は，以下の式で求められる。

交差弾力性＝製品Ｂの需要の変化率(%)／製品Ａの価格の変化率(%)

交差弾力性において正の値になった場合，製品Ａの価格が低下したことにより，製品Ａの需要が増大し，製品Ｂの需要が低下したという関係が予想できる。したがって，交差弾力性においては値が大きくなれば大きくなるほど，両者の間に熾烈な競争が繰り広げられていると予想できる。また，交差弾力性を検討すると，より広範な影響を把握することができる。例えば，インスタント・コーヒーである製品Ａの価格の引き下げは，別のインスタント・コーヒーである製品Ｂの需要だけでなく，ティーバッグ紅茶である製品Ｃの需要にも影響を及ぼす可能性がある。もしインスタント・コーヒーＡとティーバック紅茶Ｃの交差弾力性が正の値になる場合には，両者は競合関係にあると捉えられる。こうした買い手のニーズを満たす別の製品は，代替品と呼ばれる。

　また，交差弾力性が負の値になる場合もある。つまり，製品Ａの価格が低下したことにより，製品Ａの需要が増大し，製品Ｂの需要を増加させるという関係である。インスタント・コーヒーＡの価格が低下し，需要が増加すると，コーヒー用ミルクＢの需要も併せて増加するかも

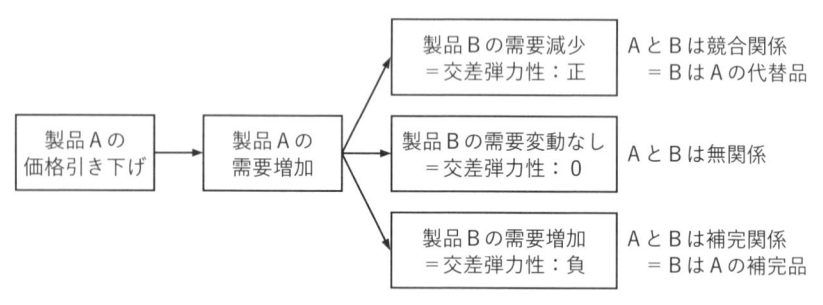

図 10 - 3　交差弾力性の捉え方

しれない。こうした顧客の欲求を充足するために互いに補い合う関係の
商品のことを補完品と呼ぶ。

3.　価格設定戦略

（1）新製品の価格設定

　価格は利益に直結するマーケティング要因であるからこそ，戦略的な
設定が必要になる。たとえば，新製品導入時の価格設定には，大きく分
けて2つの選択肢があるといわれる。

　1つの選択肢は，上澄み吸収価格設定と呼ばれるものである。この価
格設定においては，企業は新製品に高価格を設定することとなる。一般
的に，新製品を積極的に購入する顧客層は，当該製品カテゴリーに対し
て高い関心を有していたり，新しいものが好きだったりするなど，その
他の顧客に比べて価格にそれほど敏感でない場合も多い。そのため，こ
うした顧客層に販売することができれば，迅速に開発コストを賄うこと
ができる。ただし，上澄み吸収価格設定は，競合他社の模倣による低価
格品がすぐに導入されない，当該製品やブランドが高価格を許容できる
だけの優れた品質やイメージを有している，などの条件下において成功
しやすいことも知られている。

　もう1つの選択肢は，市場浸透価格設定と呼ばれるものである。市場
浸透価格設定においては，導入時から低価格で販売することにより，多
くの購買者を引き付けて市場に深く浸透することを目指すことになる。
低価格で展開するため，早い段階では十分な利益を獲得しにくいながら
も，高い市場シェアを確保することで，コストの低下を実現させ，長期
的な利益の獲得が目指される。また，競合他社に模倣されやすい製品で
展開されることも多い。まずは自社商品を購入してもらうことで，顧客
を囲い込むことが狙いである。

（２）製品ポートフォリオを活用した価格設定

　多くの企業においては，第７章で確認したとおり，単一の製品を展開しているわけではなく，製品ポートフォリオとしていくつかの製品ラインを有している。こうした場合には，製品ポートフォリオ全体として最適な価格戦略を検討する必要がある。

　複数の製品ラインを有する場合には，それぞれの製品ラインを異なる価格帯に位置付けることがある。それぞれのラインの特徴に合わせた価格設定はライニング価格と呼ばれる。顧客は特定の製品カテゴリーにおいて，高価格帯，中価格帯，低価格帯と複数の価格帯のイメージを有している場合があるが，自社が有する製品ラインのそれぞれの品質や性能，イメージなどを加味しながら，それぞれの価格帯に合わせて展開することにより，顧客の意思決定を容易にすることができる。例えば，シティホテルに対して有している価格帯のイメージとビジネスホテルに対して有している価格帯のイメージは異なるはずである。複数のビジネスホテルとシティホテルをそれぞれ展開する企業であれば，こうした顧客が有するイメージに合わせた価格設定をすることにより，それぞれのホテルの特徴をより明確に伝えることができ，顧客の意思決定を簡略化することもできる。

　複数の価格帯を有する場合には，それぞれの価格帯が別の価格帯のイメージに影響する可能性も考慮しなくてはならない。顧客は「松・竹・梅」といった３つの価格が提供されている場合，中間である「竹」を選びやすいことが知られている。これは妥協効果と呼ばれ，他の製品の導入が特定の製品の選択に影響を及ぼすことを示している。妥協効果を踏まえると，新たな価格帯によって，既存の製品やサービスの価格に対するイメージが変容することが分かる。たとえ同じ価格帯で展開し続けたとしても，より低価格の商品が導入されると，イメージ上の価格帯として高

級なものとなり，より高価格の商品が導入されると，イメージ上の価格
帯としてはより安く感じられるようになる。

　バンドル価格設定とは，いくつかの製品をまとめて販売する際の価格
設定のことであり，多くの場合，別々に販売されるよりも安く提供され
る。バンドル価格は様々な場面で確認することができる。ファストフー
ド店でのセットメニューやドラッグストアなどで見られるシャンプーと
コンディショナーのセット販売もバンドル価格の1つである。バンドル
価格は補完品を用いて実施されることが多く，一方の製品のみを購入し
ようと考えていた購買者に対し，お得に他方の製品を入手することがで
きると感じさせることで，製品ポートフォリオ全体としての売上を向上
させることができる。

　製品ミックスを考慮した価格設定にはキャプティブ型価格設定もあ
る。キャプティブとは捕虜を意味しており，製品ポートフォリオに含ま
れる特定製品に低価格を設定し，捕虜のようにすることで，付随製品で
利益を上げることが目指される。例えば，プリンタ本体の価格を低価格
に設定すれば，多くの顧客にとって魅力的に見えるはずである。もしそ
れらの顧客が購入にまで至った場合には，付随するインクカートリッジ
の価格を高めに設定すれば利益が確保できるかもしれない。別の例では，
ラスベガスのホテルが挙げられる。ラスベガスのホテルの宿泊費は，比
較的低価格に設定されているという。その理由の1つは，可能な限り長
く滞在してもらうことにより，カジノでの利用金額やそれから得られる
利益水準を向上させることにあるといえる。

　近年では，フリーミアムと呼ばれる価格設定が行われることがある。
フリーミアムとは，無料を意味するフリーと「おまけ」や割増金を意味
するプレミアムを合わせた造語である。フリーミアムでは，基本バージョ
ンのソフトウェアやゲームなどは無料で使える一方，より高性能な機能

を用いたり，レアなアイテムを入手したりするには追加で課金が必要になる。フリーミアムを成功させるためには，多くの顧客を引き付けられる無料版を提供したうえで，無料版のユーザーが有料版を魅力的に感じられるだけの違いを打ち出す必要がある。

（3）顧客セグメント別の価格設定

　顧客に対して一律に価格が決まっているわけではない製品やサービスもある。鉄道や映画館などにおける学割はその代表例である。顧客セグメントごとに異なる価格を設定する理由の1つは，顧客によって当該製品や当該サービスに対して支払ってもよいと考える支払い意思額が異なるからである。学割においては，学生と他の顧客の間に生じる鉄道や映画への支払い意思額の違いに対応している。同一の製品やサービスに対して各セグメントの顧客が支払ってもよいと感じる価格が異なるのであれば，それぞれに対応した価格で提供すると，セグメントごとの売上は向上するであろう。その結果，すべての顧客に同一の価格で提供するよりも多くの売上や利益を確保できる可能性が高まる。

　セグメント別の価格設定を詳細にすればするほど，顧客の支払い意思額に近い金額での売上を確保することが可能になり，全体としての売上は押し上げられると予想される。ただし，複雑な価格設定を管理するためのコストや顧客が混乱する可能性なども生じることには注意が必要である。また，同一の製品を異なる価格で販売することに対し，不公平感や不満が生じてしまう可能性がある。

4.　ダイナミック・プライシングとサブスクリプション

（1）ダイナミック・プライシング

　2020 年前後あたりから，価格領域において新たな手法が注目を集めている。そのうちの1つに**ダイナミック・プライシング**がある。ダイナミック・プライシングとは，需給の変化に応じて価格を柔軟に変更する価格設定手法であり，航空業界やホテル業界を中心に活用されてきた。たとえば，これらの業界においては，夏休みやゴールデンウィークといった需要が旺盛な繁忙期には高価格が設定され，需要が落ち込む閑散期には低価格が設定される。こうした価格設定を実現することにより，繁忙期には，支払意思額が高い人々に高価格を受け入れてもらい，閑散期には，当初は購入する予定のなかった人々の需要を喚起することができる。

　図 10-4 はダイナミック・プライシングによる売上を説明したものである。図で「収入」としている部分の面積が売上として捉えられるが，

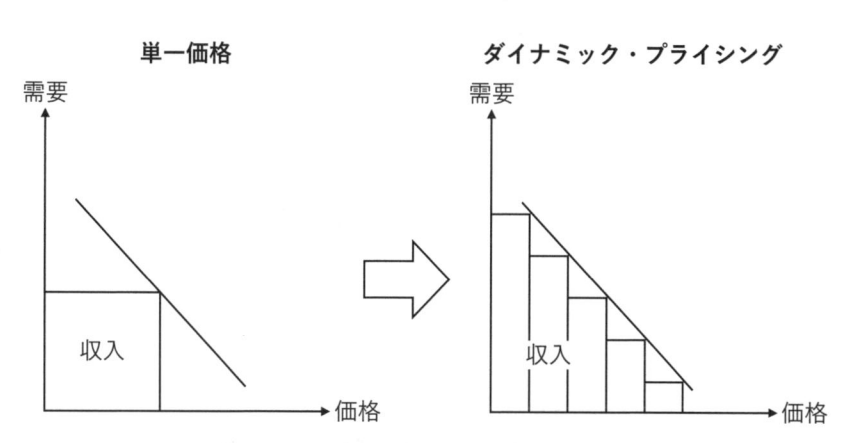

図 10 - 4　ダイナミック・プライシング
出所：上田（2021），p.199，図 30-B および p.200，図 30-C を参考に作成

従来は1つの価格で販売していたために，それに対応する需要のみを取り込んでいたものが，様々な支払い意思額の水準に対応することにより，多くの売上を確保できるようになっているのが分かる。

ダイナミック・プライシングを実現するためには，正確な需要予測が必要になる。航空業界においては，早いタイミングでは低価格帯の予約が多く入り，フライトの時期が近づくと高価格帯の予約が入ることが知られている。需要を正確に予測できないと，早いタイミングでの低価格帯の予約を取り過ぎて遅いタイミングで得られていたはずの高価格帯の予約を獲得できなかったり，早いタイミングでの低価格帯の予約を抑制しすぎて席が埋まらなかったりすることになりかねない。

近年のダイナミック・プライシングへの注目の背景には，技術的な進歩がある。様々なデータが蓄積し，ビッグデータとして需要予測に用いることが可能になったことに加えて，AIの進化により，それらのビッグデータを瞬時に分析し，最適な価格と販売数を自動的に算出できるようになった。また，オンライン販売の増加やデジタル値札の開発により，価格の変更が容易になった面もある。こうした背景から，当初のホテル業界や航空業界などに加えて，スポーツ観戦チケットやテーマパークチケット，さらにはスーパーや家電量販店でもダイナミック・プライシングが試みられるようになってきた。

ただし，ダイナミック・プライシングは顧客セグメント別の価格設定以上に顧客に不公平感が生じてしまう可能性が高まる。近年の技術を用いれば，顧客の購買履歴に基づいて価格を変更させるようなダイナミック・プライシングも可能である。その一方で，価格が異なる理由に顧客が納得できないと，企業に対する不信感が募ることになる。伝統的にダイナミック・プライシングが用いられてきたホテルや航空業界では，混雑期の高価格設定と閑散期の低価格設定は広く受け入れられている。そ

のほかの業界において，顧客が異なる価格を受け入れてくれる理由や状況を解明するのは，今後の大きな検討課題であろう。

（2）サブスクリプション

　ダイナミック・プライシングと同様に，近年，注目を集めている価格設定の手法としてサブスクリプションがある。サブスクリプションとは，期間を決めた定額サービスのことであり，新聞の購読やテーマパークの年間パスポートなどでは，従来からもサブスクリプション方式が採用されてきた。

　サブスクリプション方式があらためて注目を集めている理由の1つには，近年の消費者行動の変化に対応した手法として考えられている点がある。しばしば，従来の消費者においては，「モノ」に対してニーズが生じていたのに対し，近年の消費者においては，「コト」に対してニーズが生じているといわれる。たとえば，代表的なサブスクリプション方式のサービスである音楽配信サービスを取り上げてみると，従来の消費者ではCDというモノの所有が重要だったのに対し，近年の消費者では音楽を聴ければCDを所有する必要がないと考えられるようになってきている。サブスクリプションによって，モノを所有するのではなく，特定のサービスを消費することができるようになった。

　一般的にデジタル配信などによる追加コストがかかりにくいカテゴリーに向いていると考えられているものの，近年では様々な分野においてサブスクリプションが展開されるようになってきている。今後はどのようなカテゴリーや条件においてサブスクリプションが成功しやすいかについての議論が必要になるだろう。

学習課題

1. 価格の低下によって購買意欲が低下しそうな製品カテゴリーを探したうえで，その理由が品質のバロメーターによるものなのか，プレステージ性によるものなのかを考えてみよう。
2. 日々の購買行動を振り返り，妥協効果が生じた例を考えてみよう。
3. ダイナミック・プライシングについて，どのような理由から価格を変動させれば顧客に納得してもらいやすいのかを考えてみよう。

参考文献

• 上田隆穂（2021）『利益を最大化する価格決定戦略』明日香出版社。
• 恩藏直人（2019）『マーケティング［第2版］』日本経済新聞出版社。
• 西川英彦，澁谷覚編著（2018）『1からのデジタル・マーケティング』碩学舎。
• ハーマン・サイモン（2016）『価格の掟』中央経済社。
• フィリップ・コトラー，ゲイリー・アームストロング，恩藏直人（2014）『コトラー，アームストロング，恩藏のマーケティング原理』丸善出版。
• フィリップ・コトラー，ケビン・レーン・ケラー，アレクサンダー・チェルネフ（2022）『コトラー＆ケラー＆チェルネフ　マーケティング・マネジメント〔原書16版〕』丸善出版。
• 和田充夫，恩藏直人，三浦俊彦（2022）『マーケティング戦略〔第6版〕』有斐閣。

11 | 流通戦略

石井裕明

《**目標＆ポイント**》 製品や価格が決まったとしても，適切に製品を提供でき
なければ顧客の購入には結び付かない。本章では，顧客に製品を提供するた
めの流通戦略について学んでいく。流通業者の存在意義を明らかにしたうえ
で，チャネルの長さと幅の視点から流通戦略への理解を深めていく。また，
効率的なチャネルの構築に向けた垂直的マーケティング・システムの利点を
確認した後，近年の流通戦略の動向を学習する。
《**キーワード**》 直接流通，間接流通，チャネル政策，垂直的マーケティング・
システム，オムニチャネル

1. マーケティング・チャネル

（1）マーケティング・チャネルとは

　携帯電話の購入場面を思い浮かべてほしい。どのような場面が思い浮
かんだであろうか。通信会社の店頭での購入を思い浮かべた人もいるで
あろうし，メーカーの直営店での購入場面を思い浮かべた人もあるであ
ろう。家電量販店での購入やインターネット上での購入を思い浮かべた
人もいるかもしれない。消費者は，全く同じ製品を購入する場合でも，
様々なルートを通じて製品を購入している。製品を展開しているメー
カー側の立場に立てば，どのようなルートを通じて製品を販売するかを
決めなくてはならない。製品の生産者であるメーカーが消費者に届ける
までのルートのことをマーケティング・チャネルという。また，メーカー

から消費者へ製品の橋渡しを行う活動のことを流通，こうした活動を担う企業のことを流通業者と呼ぶ。

メーカーが製品を消費者に届ける際には，いくつかの選択肢がある。例えば，メーカーから直接消費者に製品を販売するルートもある。メーカーの直営店での販売や自社のインターネット・サイトを通じた販売などである。このようにメーカーが消費者と直接取引するような販売ルートのことを**直接流通**という。直接流通は，ダイレクト・マーケティング・チャネルとも呼ばれる。その一方，メーカーが製造した携帯電話を家電量販店が販売するように，メーカーが直接販売するわけではなく，別の企業を通じて製品を販売するルートもある。このようにメーカーが直接消費者と取引しない販売ルートは**間接流通**という。

（2）流通業者の存在意義

近年のインターネット・ショッピングの普及により，消費者との直接的な取引に乗り出しているメーカーも増えている。その一方で，多くの取引は，依然として流通業者を介して行われている。それでは，流通業者を活用するメリットにはどのような点があるのだろうか。

第一に，流通業者が存在することにより，取引が効率化する点が挙げられる。例えば，5社のメーカーと5名の消費者が存在する市場を想像してほしい（**図11-1**参照）。それぞれのメーカーが製造している製品を全ての消費者に届けるには，どの程度の取引が必要になるだろうか。メーカーと消費者が直接取引するのであれば，5×5の25回の取引が必要になることが分かる。ここに，もし流通業者が存在しているとどうなるだろうか。5社のメーカーは1社の流通業者に製品を販売し，5名の消費者は流通業者からそれぞれの製品を購入すれば，それぞれの製品が全ての消費者にいきわたることになる。したがって，取引数は5＋5

の 10 回に抑えることができる。多くの企業は，膨大な数の消費者をターゲットとしている。それらの消費者に商品を届けることを考えると，流通業者の存在によって，大幅な効率化が実現できるのである。

　流通業者の存在は，消費者側にとってのメリットも大きい。**図 11-1** の製造業者がもし同じ製品カテゴリーを製造しているのだとすると，流通業者には様々な生産者の情報が集約されることになる。例えば，家電量販店で複数のメーカーの製品を比較検討できるのは，流通業者である家電量販店が，様々な家電メーカーと取引をしているためと考えられる。したがって，消費者にとっては，流通業者が情報を集めて整理する機能を担ってくれていることになる。また，**図 11-1** の製造業者がもし異なる製品カテゴリーを製造しているのだとすると，消費者は製品を組み合わせて購入したり，消費したりすることが容易になる。カレーを作るために，食材を購入しようと思っても，各生産者と別々に取引をしようと

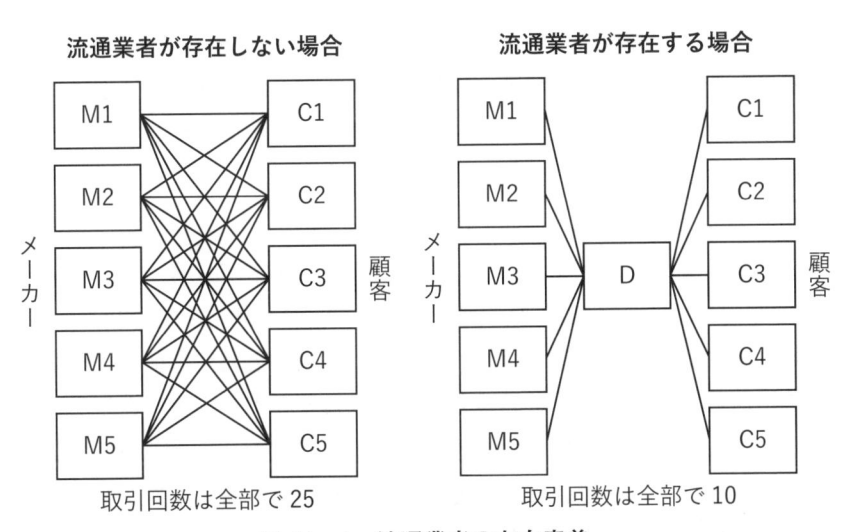

図 11-1　流通業者の存在意義

すると，非常に手間がかかるのは想像に難くない。流通業者が適切な品揃えを用意することで，消費者は食材を組み合わせた料理の準備を容易にすることができる。

　メーカー側は，こうした消費者にとってのメリットも理解したうえで，メーカーとの直接流通で対応できるのか，それとも間接流通を採用したほうが好ましいのかを判断することになる。

2.　マーケティング・チャネルの構築

（1）チャネルの長さ

　直接流通を採用するのか，間接流通を採用するのかという判断は，流通チャネルの長さに関わる決定となる。チャネルの段階数からは，流通業者を介在させずに消費者と直接取引を行う直接流通は，ゼロ段階チャネルと捉えることができる。

　流通業者が１社加わると，チャネルの段階は１段階チャネルとなる。１段階チャネルの場合，流通業者はメーカーから製品を仕入れたうえで，消費者に販売することになる。流通チャネルが２段階以上になると，製品をメーカーから仕入れたうえで，別の流通業者に販売する企業が存在することになる（図11-2）。

　チャネルを長くすることには，メーカー側にとってもいくつかのメリットがある。１つめは，チャネルによるリスク負担である。多くのメーカーは，消費者からの需要を予測したうえで，生産計画を策定している。もし流通業者が存在しない状況において，実際の需要が事前の予測を大きく下回ってしまうと，企業は多くの売れ残り在庫を抱え，大幅な赤字を招いてしまうことになる。流通業者は，こうしたリスクの一部を負担する存在となる。消費者による実際の需要が生じる前に流通業者による仕入れが生じ，流通業者が存在しない場合に比べて，メーカーの元に残

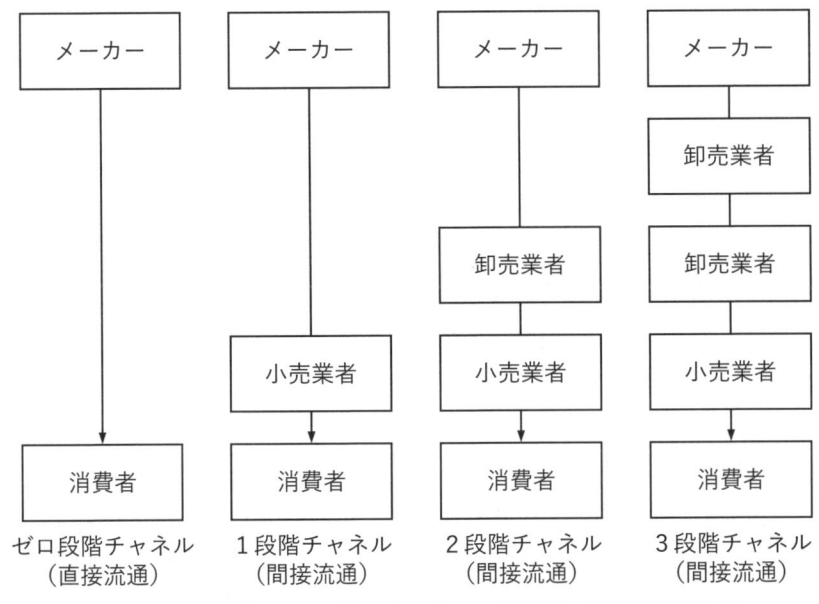

図11−2　マーケティング・チャネルの段階数（消費財の場合）

る在庫が少なくなる。2つめは，需給の調整機能である。メーカー側の
生産が計画的に行われているのに対し，市場における需要は様々な要因
の影響を受けることになる。突然の需要の増加に対応するには，メーカー
側に一定の在庫を確保しておく必要があるが，流通業者がその一部を担
うことによって，突然の需要の増加にも対応しやすくなる。メーカーと
しては，自社で保有する在庫を削減することにもつながる。3つめは，
市場情報の収集機能である。流通業者も自社の売上を確保するために，
市場や消費者の動向を正確に把握し，品揃えに反映しようとすることに
なる。こうした中で流通業者は様々な情報を集約することとなり，メー
カーは自社で情報を集めなかったとしても流通業者から重要な情報を獲
得することが可能になる。こうした流通業者による機能負担を考慮する

と，メーカーは，その分，製品価格を抑制することができる。

その一方で，チャネルが長くなることによるデメリットもある。複数の企業が取引に関わると，各企業が利益を確保しようとするため，最終的な製品の販売価格が高くなりやすい。また，チャネルが長くなると，メーカーのコントロール力が弱まるといわれている。メーカー側が自社製品を消費者に売り込むための様々な施策を考えたとしても，そうした施策が店頭で実現できる可能性が低下することになる。

これらのチャネルの段階数増加によるメリットとデメリットを整理したうえで，自社のチャネルの長さを決定する必要がある。

（2）卸売と小売

2段階以上のチャネルに注目すると，流通には大きく分けて2つの活動があることが分かる。1つは，**卸売**と呼ばれ，再販売あるいは業務目的で製品やサービスを購入する相手に，製品やサービスを販売する活動のことである。主に卸売の活動に従事する企業は卸売業者と呼ばれる。もう1つは，**小売**と呼ばれ，製品やサービスをビジネス用途ではなく個人用途のために最終消費者に直接販売する活動のことである。ゼロ段階チャネルの場合には，メーカーが小売機能を担っていることになるものの，百貨店やコンビニエンスストアなど，売上が主に小売によって生じる企業は，小売業者と呼ばれる。

マーケティング・チャネルの選択は，消費者と製品との接点を決定することにもなる。こうした点を重視すれば，どのような小売店舗において自社の製品を取り扱ってもらうかが極めて重要であることが分かる。一般的に，小売店舗は**業種**と**業態**という2つの視点から分類される。業種とは，自動車，酒，野菜といった主な取扱商品による分類のことである。伝統的に行われてきた小売店舗の形態として捉えられる。一方で，

業態とは，販売方法や経営方針などに基づく分類のことである。スーパーマーケットとコンビニエンスストアでは，取扱商品に共通点が見られるが，一般消費者であっても，両者を区別して捉えることができる。これは，それぞれのグループに属する店舗において，販売方法や売り場面積，営業時間などが異なるためである。

　小売店舗の販売方法の違いは，小売企業のマーケティング戦略の違いと言い換えることもできる。小売企業も STP を設定し，品揃え，価格，プロモーション，雰囲気，アクセスなどによって構成される小売ミックスと呼ばれるマーケティング・ミックスを検討している。メーカーのマーケティング担当者は，小売業のマーケティング戦略を理解したうえで，どのような店舗に自社製品を取り扱ってもらうのかを検討しなくてはならない。

（3）消費者にとってのチャネル

　マーケティング・チャネルを構築するうえでは，チャネルの長さと同時に，チャネルの幅についても検討しなくてはならない。チャネルの幅の決定にあたっては，消費者が購買においてどの程度の労力を費やすのかを理解しておくことが有用である。第 4 章で取り上げたとおり，消費者の関与水準は製品によって大きく異なる。高関与の製品においては，積極的に情報探索を進める一方で，低関与の製品カテゴリーにおいては，情報探索にかける労力を抑えようとする。こうした違いは，購買時にかける労力や購買習慣にも違いをもたらすであろう。

　購買にかける労力や購買習慣の違いから，製品は最寄品，買回品，専門品に分類することができる。最寄品とは，消費者が購買努力を最小限に抑えようとする製品のことである。日常的に消費される食品や日用雑貨品などが代表例である。最寄品は，購買頻度が高く，比較的低価格で，

過去の購買経験の蓄積がある場合が多い。購買にあたっては，店舗の近さなどが重視されることになる。例えば，ペットボトル飲料を購入する際には，自動販売機やコンビニエンスストアなど，最も近くにある販売場所で購入することが多いであろう。

　買回品とは，消費者が購入にあたって店舗間で製品の価格，品質，デザインなどを比較して購入するような製品である。家電やファッション関連製品などが代表例である。最寄品と比べると，消費者は購買に労力をかけることになる。ファッションブランドなどの店舗は，ショッピングモールや特定のエリアに集まって出店されることも多いが，買回品としての特徴を考えると，消費者にとって利便性が高いだけでなく，買い回りをする消費者にアプローチする上で合理的な選択であることが分かる。

　専門品とは，消費者が購買にかける労力をいとわないような製品のことである。ラグジュアリー・ブランドなどが代表例である。特定の消費者にとって特別な魅力があるため，その購入のために遠方の店舗に赴くことも珍しくない。

（4）チャネルの幅の選択

　購買にかける労力の違いを念頭に置くと，企業が展開すべきチャネル戦略にも違いが生じることが分かる。購買にかける労力が最小限に抑えられる最寄品においては，企業側が可能な限り消費者に接近する努力が必要になる。そのため，最大限，多くの店舗において取り扱ってもらうことが製品の成否に大きく関わるはずである。こうしたなるべく多くの店舗に取り扱ってもらう方針は，**開放的チャネル政策**と呼ばれる。開放的チャネル政策においては，消費者との店頭での接点が増加することになり，購買の検討対象となりやすくなるため，売上の増加を期待するこ

とができる。第 4 章で取り上げたブランド・カテゴライゼーションの考え方においては，店舗での取り扱いは入手可能集合に対応している。最寄品の場合には，特定の製品やブランドを求めて買い回りすることは稀であるため，取り扱い店舗が少ないと，それだけ入手可能集合に含まれる可能性が少なくなる。言い換えると，どれほど知名度や好意度が高くても，消費者の比較検討の候補から排除されてしまうことになる。したがって，最寄品においては，店舗での取り扱いの割合を示す配荷率を可能な限り向上させ，ターゲット顧客における入手可能性を最大限高めることが他社との競争を検討するうえで重要なポイントとなる。

ただし，開放的チャネル政策においては，取扱店舗が増えれば増えるほど，メーカーの影響力が弱くなってしまう。製品が値崩れを起こしたり，その結果，ブランドのイメージが悪化したりする可能性もある。短期的な売上増加と長期的なブランド・イメージのコントロールのバランスを検討することも重要である。

消費者が購買にかける労力をいとわない専門品においては，むしろ取扱店舗の増加による売上向上効果よりも，チャネルを絞り込むことによる価格の維持やブランド・イメージのコントロールのほうが重視される。こうしたチャネルを絞り込む方針は，**排他的チャネル政策**という。排他的チャネル政策においては，特定エリアにおける独占的な販売権を認める代わりに，他のメーカーの製品の取り扱いを禁止することもしばしばある。日本の市場においては，自動車ディーラーなどがその代表例である。排他的チャネル政策を採用することにより，メーカー側は高いレベルのサービスを提供することも可能になる。専門品においては，店舗や販売員からの情報の獲得を楽しみに来店する関与水準の高い消費者も存在している。こうした消費者に対応できるだけの専門知識や接客技術を備えた販売員の育成も排他的チャネル政策においては実現しやすくな

る。

買回品においては，開放的チャネル政策と排他的チャネル政策の中間的な存在である**選択的チャネル政策**が用いられることが多い。選択的チャネル政策においては，自社のマーケティング戦略との適合性の観点から，取引相手が選択される。

これらのチャネル政策は，企業のマーケティング戦略上，意図的に選択される場合もある。例えば，「ヘルシア緑茶」は導入当初，コンビニエンスストア限定で展開されたことが知られている。一般的には最寄品として分類される飲料を，コンビニエンスストア限定という選択的チャネル政策を採用したことにより，値引きの対象となりにくく，価格を維持することが可能になったと考えられる。

3. 効率的なチャネルの実現

（1）チャネル・コンフリクト

チャネルにおいて，メーカーと流通業者が一丸となってマーケティングに取り組むことができるのが理想的である。しかしながら，個々のチャネル・メンバーは異なる目標を有していることが多く，チャネル・メンバー間の衝突は**チャネル・コンフリクト**と呼ばれる。垂直的チャネル・コンフリクトとは，チャネルの異なる段階のメンバー同士で生じる衝突のことである。メーカーと流通業者が価格設定において対立するような状況をイメージするとよい。その一方，水平的チャネル・コンフリクトとは，チャネルの同一の段階のメンバー間で生じる衝突のことである。メーカーが複数の流通業者と取引をしている際，特定の流通業者が著しい低価格設定をしてしまうと，他の流通業者は顧客を奪われる可能性が高くなり，不満を持つことになる。

（2）垂直的マーケティング・システム

　チャネル・コンフリクトが生じると，マーケティングの効率性が著しく低下してしまいかねない。こうした事態を回避するため，特定のチャネル・メンバーがチャネル・リーダーとなり，別のチャネル・メンバーを統合して機能させる**垂直的マーケティング・システム**（VMS）が採用されることも増えてきている。

　代表的な垂直的マーケティング・システムの1つとして，企業型垂直的マーケティング・システムがある。企業型 VMS では，チャネルにおける複数の段階が資本によって統合されているものになる。メーカーが販売会社や直営店を展開するのは，卸売段階や小売段階を統合した企業型 VMS の代表例として考えられる。アパレル業界で採用されることが多い SPA と呼ばれる形態も企業型 VMS の1つである。企業型 VMS は，資本によって統合されているため，チャネル・リーダーのコントロール力は絶大だが，多額の投資が必要となる。

　契約型垂直的マーケティング・システムは，各チャネル・メンバーは独立しているものの，契約によって共通の目標や利害を調整しようという取り組みのことである。フランチャイズ・システムなどがその代表例である。フランチャイズ・システムに参加するには，チャネル・リーダーが定めた販売方法を遵守することなどが求められる。チャネル・リーダーのコントロール力は企業型 VMS よりは弱まるが，その分，投資コストも抑えることができる。

　管理型垂直的マーケティング・システムは，チャネル・リーダーのブランド力などパワーを発揮することによって，他のチャネル・メンバーをコントロールする取り組みである。資本関係も契約関係もないため，チャネル・リーダーのコントロール力は弱まるものの，投資コストも抑えることができる。メーカーはしばしば小売店舗に対して陳列方法や店

頭でのマーケティング施策の提案をするが，自社が有するパワーを背景に，自社に有利な陳列やマーケティング施策を実現することができたのだとしたら，一定程度，チャネルが統合されたものとして捉えられるだろう。

（3）パワーの源泉

垂直的マーケティング・システムでチャネル・リーダーが発揮するパワーには，いくつかの源泉がある。最も典型的なものとして強制パワーがある。これは契約や資本に基づいて発揮されるパワーであり，チャネル・リーダーの求めに応じなければ一定の制裁が下されることがほのめかされる。したがって，大きなパワーとなるものの，チャネル・メンバーからの反発も買いやすい。報酬パワーは，チャネル・リーダーの求めに応じたチャンネル・メンバーに対し，特定のインセンティブを提供することによって発揮される。報酬パワーは反発を招くことは少ないが，繰り返し行使すると，効果が薄れてしまう。最も理想的だと考えられるのが準拠パワーである。これは，チャネル・メンバーが積極的に取引を望む相手としてみなしている場合に発揮される。関係構築を望む相手に対して自社の主張を通せるように対応することになる。

4. チャネルを取り巻く動向

（1）延期と投機の理論

垂直的マーケティング・システムのようにチャネル全体としての効率化を目指すうえでは，**延期**と**投機**の理論が参考になる。ここでいう投機とは，製品の生産から消費に至る一連の流れの中で，早いタイミングで製品の形態や生産量を決定することを意味している。投機型のシステムを採用すると，大量の見込み生産を行うことで生産コストを下げること

が目指される。その一方，延期とは，製品の生産から消費に至る一連の流れの中で，製品の形態や生産量をなるべく消費の段階にまで先延ばししようとする考え方である。延期型を突き詰めると受注生産方式へと行きつく。延期型のシステムを採用すると，実際の需要に近い製品形態や生産量を実現できる。それぞれの考え方をどれほど重視するかは企業の置かれた状況によって異なるが，過度の投機型は売れ残りの可能性を高めるし，過度の延期型は欠品が生じる可能性が高まる。

　投機型と延期型のそれぞれにメリットがあるが，近年の多くの市場においては，延期型のシステムのメリットのほうが大きくなっている。その1つの理由が ICT 技術の発達である。SPA を採用している ZARA では，デザインや製造から店舗への輸送までが効率的にコントロールされており，製品をデザインしてから店舗に並べるまでの期間が約2週間に短縮されているという。競合のアパレルメーカーでは，半年以上先の需要を予測していることを考えると，大きな強みとなることが分かる。こうした効率的で柔軟なシステムを活用することにより，需要の変動への対応力も向上することになる。

（2）オムニチャネル

　ICT 技術の発達や新型コロナウイルス感染症による影響を経て，多くの消費者がインターネット通販を利用するようになっている。かつての実店舗のみで製品を展開していたチャネルをシングルチャネルと呼ぶのに対し，店舗に加えてオンライン店舗など複数のチャネルでの展開はマルチチャネルなどと呼ばれる。

　こうしたマルチチャネル化にとどまらず，一部の企業では**オムニチャネル**の実現が目指されている。オムニチャネルとは，複数のチャネルを展開するだけでなく，それぞれのチャネルを連携させることで，チャネ

ル横断的に一貫した顧客体験を提案しようという考え方である。インターネット上で洋服や靴を探していて，オンライン店舗でお気に入りの洋服や靴を見つけたとしても，すぐには購入しない消費者も一定数存在する。洋服や靴の場合には，実際に見たり，試着したりすることが購入を決定するうえで大きな役割を担うからである。その場合に，実店舗での在庫の有無などを示し，顧客を誘導できれば，顧客の購買意思決定プロセスをスムーズに進めることができるはずである。別のチャネルであるオンライン店舗と実店舗を連携させることで，顧客の購買意思決定を後押しすることが可能になるのである。

　スマートフォンが普及し，消費者はいつでもどこでも製品を購買することが可能になってきている。こうした市場環境だからこそ，顧客における各チャネルの役割を把握し，それぞれでの顧客経験を適切に管理するオムニチャネルの考え方が重要になっている。

学習課題

1．セブン・イレブンやローソン，ファミリーマートなど，特定のコンビニエンスストアの売上規模や店舗数の推移を調べてみよう。
2．専門品に分類されるブランドを1つ取り上げ，どのようなチャネル政策を採用しているのか，調べてみよう。
3．オムニチャネルを採用していると考えられる企業を調べ，どのような特徴があるのか整理してみよう。

参考文献

- 恩藏直人（2019）『マーケティング〔第 2 版〕』日本経済新聞出版社。
- 久保田進彦，澁谷覚，須永努（2022）『はじめてのマーケティング［新版］』有斐閣。
- 高嶋克義，髙橋郁夫（2020）『小売流通論』有斐閣。
- 西川英彦，澁谷覚編著（2018）『1 からのデジタル・マーケティング』碩学舎。
- フィリップ・コトラー，ゲイリー・アームストロング，恩藏直人（2014）『コトラー，アームストロング，恩藏のマーケティング原理』丸善出版。
- 渡辺達朗，原頼利，遠藤明子，田村晃二『流通論をつかむ』有斐閣。

12 | プロモーション戦略

安藤和代

《**目標＆ポイント**》 マーケティング・ミックスの一要素であるプロモーションに焦点をあて，主要なプロモーション手段（広告，セールス・プロモーション，人的販売，パブリック・リレーションズ）について学ぶ。また各プロモーション手段の内容や特徴，その効果について理解する。
《**キーワード**》 プロモーション・ミックス，広告，セールス・プロモーション，人的販売，パブリック・リレーションズ

1. プロモーションの重要性

　企業は1年間におよそ何アイテムの新製品を世に出しているのだろうか。それぞれのホームページによれば，アイリスオーヤマでは約1000アイテム，山崎製パンでは約3000アイテムの新製品が開発されている。既存商品と合わせてぼう大な数の製品を展開する企業はこれら2社に限らない。豊富な選択肢が市場で展開されている今日，自社の製品やサービスの存在やそれらの魅力を消費者に伝えることは並大抵なことではない。しかしそれができなければ，いかに優れた製品を開発したとしても販売につなげることはできない。多くの消費者は製品やサービスの存在を認識し，そのユニークな特徴やベネフィット，ブランドの意味や世界観などを理解してはじめて入手したいと思い，購買行動に至るからである。こうした状況を考えるとプロモーションの重要性を理解することができるだろう。

　事業目標を達成するため，企業は製品・価格・流通・プロモーションの政策を適切に組み合わせるマーケティング・ミックスを実践する。そしてプロモーション政策の検討にあたり，企業は広告，セールス・プロモーション（Sales Promotion: SP），人的販売，パブリック・リレーションズといったコミュニケーション手段を適切に組み合わせることで消費者との最適なコミュニケーションを実現する。これを**プロモーション・ミックス**と呼ぶ。以下では，それぞれのコミュニケーション手段について，具体的な内容や特徴を解説する。

2.　広告

（1）広告の定義と特徴

　電通が発表する「日本の広告費」によれば，我が国の総広告費は 2023 年度実績で 7 兆円を上回る。毎年多くの金額が広告費に充てられている。内訳をみると 1.7 兆円が費やされているテレビをはじめ，新聞，雑誌，ラジオを含むマスメディア 4 媒体に合計で約 2.3 兆円が費やされている。これら 4 媒体にかけられる広告費は減少傾向にあるのに対して，インターネット広告費は増加し続けており，2021 年にはじめて，マスメディア 4 媒体の総額を上回った。そして 2023 年時点で 3 兆円を超えている。

　広告は「明示された広告主によるアイデア，財，サービスに関する非人的な提示とプロモーションであり，しかも有料形態をとるもの」と定義されている。この定義からわかるように，広告の特徴は「広告主が明らかにされていること」「非人的な媒体を用いること」「有料であること」の 3 点にある。また広告対象には，製品やサービス，企業，さらにはアイデアが含まれる。アイデアとは，「献血」「がん検診」「投票」や「いじめ撲滅」などの行動や考えを浸透させる啓蒙活動を指している。したがって営利組織に限らず非営利組織，政府，自治体および個人が広告主

になりうる。

　テレビ広告を思い出してもらうとわかるように，広告は同じメッセージを幅広い人々に，繰り返し届けることができる。したがって一度に多くの人々に企業名や商品名など名称を認知させたり，ブランドのイメージや世界観，訴求したいアイデアを正しく浸透させたりしたいときに適したコミュニケーション手段である。

（2）広告計画

　広告の実施を決めたとき，広告主は最初にテレビや新聞，インターネット（バナー広告など）といったメディアの広告枠を購入する。加えて購入した広告枠に掲載する広告コンテンツを制作する。文字や絵，音，映像などを駆使し，ターゲットとする対象に届けたいメッセージを効果的に伝えるコンテンツに仕上げる。その際，広告枠の購入や広告物の制作は，主として広告代理店や制作会社が担うことが多い。

　では広告プランを策定する際，担当者はどのような点に気を付けるべきだろうか。フィリップ・コトラーは重要項目として5つのMをあげている。

　第1に，**広告の使命**（Mission）を明確にすることである。一般的に，広告の目標は情報提供，説得，リマインダー，強化の4つに整理できるが，目標によって展開する広告は大きく変わるはずである。したがって，製品やサービスの名前や特徴を浸透させたいのか，ライバルブランドと差別化し自社ブランドが選ばれるようにしたいのか，何より購買意欲を高めたいのか，目的を明確にする必要がある。さらに具体的な数値目標に落とし込むことが望ましい。売上，認知率，購買客数などの目標伸長率を決めておくといったことである。

　第2に適切な**予算**を設定し確保することである（Money）。広告費が

少なすぎることで期待する効果を全く得られないようでは投入した資金が無駄金になってしまう。他方で広告費は多ければ多いほどよいというものでもなく，貴重な資金を無駄にすることも避けなければならない。経費の積み上げで予算計上することは避け，当該事業で予想される売上高に一定割合を掛け合わせて算出したり，自社の実績や競合企業の広告費を参照して算出したりするといったことが一般的に行われている。

　続く3つの重要事項は，**メッセージ**（Message）と**媒体**（Media），そして**評価**（Measurement）である。第1で設定したミッションに基づき対象消費者に対してどのようなメッセージを，どのような媒体を用いて届けるのかを吟味する。そして広告プランが完了したらそれで終わりではなく，期待した広告効果が得られたかどうかを確認し評価する。そして結果を次の広告プランの策定に活かす。これら3つの事項について，以下で詳しく見ていこう。

（3）メッセージ

　消費者に何を訴えるのかによって，広告を分類することができる。まずは広告対象の観点から，**製品広告**と**企業広告**に分けられる。製品広告は，特定の製品やサービス，ブランドに焦点をあてて，その特徴や対象とする消費者像，ブランドの歴史や世界観を表現し，競合商品との差別化を意図して実施される。

　他方で，企業広告は企業の認知度の向上や好ましい態度の醸成を意図して実施される。今日では山積する社会課題解決に対して企業が積極的に関与し，よりよい社会の実現のために貢献することが求められている。また生産人口が減少する中，特に若年層の人材確保が難しくなっており，応募者にとって魅力的な企業であることを示す必要性が高まっている。こうした背景から，企業認知を高め，経営の理念や戦略を広く示し，企

業市民としての存在意義を高めることを目的とする企業広告への関心が高まっている。従来は目にすることが少なかった B2B 企業の企業広告が増加していることを実感している読者も少なくないだろう。

　広告の目標は，大きく情報提供，説得，リマインダー，強化の4つがあることを先に示したが，広告訴求される内容から「情報提供型広告」「説得型広告」「比較広告」「リマインダー型広告」「強化型広告」に分けられる。

　情報提供型広告は，文字通り，製品やサービスの情報を訴求した広告である。新製品やサービスの導入時によく用いられ，特徴や使用法，消費者にもたらされるベネフィットを知らしめることで消費者の欲求を喚起する。需要を創造することを目指している。

　説得型広告は，自社の製品やサービスが価格や品質，利便性の面でいかに優れているのかを訴求する広告である。競争の激しい市場において用いられ，自社ブランドの選好を確立し，自社製品の購入や他社製品からのブランドスイッチを促進することを目的とする広告である。説得手法の1つとして，**比較広告**が用いられることがある。比較広告とは自社ブランドと競合ブランドとを直接あるいは間接的に比較する手法である。欧米では一般的に用いられ，消費者に受け入れられている手法であるが，日本の消費者の反応はそれとは異なる。消費者の反感やネガティブな反応につながることもあるため，日本では相手のブランドを明示しての比較広告を避け，間接的な比較広告が中心となっている。その場合，比較対象が明確でないことで内容の確度が低まり，主張の正当性に疑義が生じる恐れがあることを念頭に置く必要がある。

　リマインダー型広告は，自社のブランドや企業の存在を忘れさせないようにリマインド，つまり思い出させることを目的に行われる広告である。記憶の中にある自社ブランドにまつわる情報を陳腐化させないために実施する。成熟段階にある製品に重要とされており，消費者の好まし

い態度や選好，構築されたブランド・ロイヤルティを維持するために用いられる。

　第 4 章「消費者行動」で，購買後に消費者が抱える認知的不協和，つまり「自分は正しい選択をしたのかといった不安」を払拭するため，購買後の情報提供が重要であることを学んだ。**強化型広告**は，それを意図した広告である。例えば自動車やパソコンのように価格が高い製品や，一般の人には理解することが容易ではない高機能な製品などでは自分自身の選択に自信を持てず，不安を抱きやすいため，このタイプの広告が用いられる。

（4）媒体

　媒体とは，対象者にメッセージを届けるために用いられる伝達手段としての媒体，いわゆるメディアのことである。それに対して，メディアの特定の銘柄，例えば新聞であれば読売新聞や日本経済新聞，テレビであれば TBS やテレビ朝日などはビークルとよばれている。

　代表的なメディアには，テレビ，新聞，雑誌，ラジオのマスメディアと，バナー広告やリスティング広告を含むインターネット，ダイレクトメール（DM），屋外・交通広告（Out of home: OOH）など非マスメディアがある。それぞれには**表 12-1** のとおり長所と短所がある。広告主は最適な広告キャンペーンを実施するために，製品やサービスの特性，メッセージの対象や内容，かけられる予算を考慮して，最適なメディアやビークルを選択し，それらを組み合わせる「メディア・ミックス」を決定する。

（5）評価

　広告を実施したのちには，事前に設定したミッションや数値化された目標と照らして成果を確認し，評価する必要がある。**表 12-2** は，広告

表 12 - 1　主な広告媒体の特徴

媒体	長所	短所
テレビ	• マスマーケットを十分にカバーする • 露出ごとのコストが低い • 映像・音・動きを統合 • 五感に訴える	• 制作コストが極めて高い • 雑多な広告が氾濫 • 露出が短い • 対象の選択が困難
新聞	• 柔軟性がある • 地域市場をよくカバーする • 幅広い受容 • 高い信用度	• メッセージが短命 • 複製の質が低い • 視覚だけによる訴求
雑誌	• 地理的および人口動態的セグメントが可能 • 高い信用度 • 複製の質が高い • 寿命が長い • 回覧読者が多い	• 広告掲出までのリードタイムが長い • コストが高い • 掲載位置の保証がない • 視覚だけによる訴求
ラジオ	• 固定ファンが存在 • 地理的および人口動態的セグメントが可能 • コストが低い	• 聴覚だけによる訴求 • 露出がきわめて短い • ながら視聴による注目度の低さ • リスナー規模が小さい
ダイレクトメール	• 対象者の絞り込みが可能 • 柔軟性がある • 同一媒体で広告競争がない • 幅広い受容	• 接触あたりのコストが高い • 開封されないリスクの高さ
屋外広告	• 柔軟性が高い • コストが低い • 繰り返し露出される • 良い場所が選択できる	• 対象者の選択がほぼ不可能 • クリエイティブ面に限界がある
インターネット	• 視聴者や読者を選べる • コストが低い	• インパクトが低い可能性がある • コンテンツや露出を視聴者や読者が決定

出所：コトラー，アームストロング，オプレスニク（2022），p.592 より抜粋，一部
　　　修正

表12-2　広告効果の段階と測定指標

段階	測定指標	広告の機能
接触（露出）	• 視聴率 • 閲読率 • 注目率	情報伝達
認知	• 広告認知率 • 知名率 • 理解率	
選好（態度）	• 好意度 • 選好度	態度変容（説得）
購買	• 購買意向率 • 購買率	リマインド（想起）
購買後	• 満足度 • 推奨意向率 • 再購買意向率	態度維持

出所：水野（2014），p.158，図表7-2を一部修正

の効果を検証する際に用いられる測定指標である。

　情報伝達を目標とする場合には，どれくらいの人が，どれくらいの頻度で特定の広告を視聴したのかを表す指標である視聴率（GRP: Gross Rating Point）や，広告および広告された製品やサービスを覚えているのかを測定する広告認知率やブランド知名率，それらのユニークな特徴を理解しているのかを測定する理解率を用いて評価するとよい。

　態度変容を目標とする場合，消費者の態度が好ましい方向に変化していることを確認するため，広告の実施前後の好意度や選好度を比較し，どれほど向上したかを測定する。またリマインドを目標とし，ブランドの存在感を高め購買行動への誘導を意図する場合には，実際に購入した

経験があるのかを尋ねる購買率や，今後の購買意向を尋ねる購買意向率の変化を測定する。

顧客維持を目標とする場合，当該製品やサービスに満足しているのかを尋ねる満足度や，人は高く満足した際には他者に推奨したり，再び購入する可能性が高いため，推奨率や再購買意向率を指標として用いるとよいだろう。

3．セールス・プロモーション

（1）セールス・プロモーションの定義と類型

セールス・プロモーション（Sales Promotion，以下SP）は，製品やサービスの購買促進を目的としたプロモーション手法の総称であり，短期的な売上増を狙うものである。本章のタイトルにあるプロモーションと混同されやすいが，プロモーションは，広告や人的販売，SPなどの要素を組み合わせ，慎重に調整しながら顧客に自社と製品の価値を伝える活動のことであり，本節でとりあげるSPは，プロモーション活動を構成する1つの要素と位置づけられる。

SPはその「対象」と「内容」の2つの軸で分類することができる。メーカーの立場からみた場合，SPの「対象」には，消費者と流通業者がある。前者は，消費者に対して直接的な刺激策を実施し消費者からの引き合い（＝プル）を促進する施策であるため，プル戦略と呼ばれている。代表的な手法には，値引きやクーポン，増量パック，サンプリング，プレミアム，懸賞などがある。後者は，流通業者に働きかけて，消費者の購買を流通業者に後押し（＝プッシュ）してもらう施策であるため，プッシュ戦略と呼ばれている。販売奨励金やアローワンス（協賛金）を提供したり，流通業者への出荷時に値引きや増量を行う特別出荷を実施したりする。それらを原資にして流通業者が消費者に向けた値引きや増量，大量

陳列や特別陳列，店頭での推奨を実施するように促すのである。

　SP の「内容」には，次の４つがある。価格を低下させる，あるいは価格はそのままに内容量を増やすことで値ごろ感を打ち出す「価格訴求型 SP」，情報提供を通じて製品の特性や魅力を訴求する「情報提供型 SP」，製品やサービスを利用用する機会を提供する「体験提供型 SP」，プレミアム（景品）や懸賞など行動を動機づける刺激を与える「インセンティブ提供型 SP」である。代表的な施策は，**表 12-3** のとおりである。

表 12 - 3　セールス・プロモーション（SP）の種類

分類	メーカーによる 消費者向け SP	メーカーによる 流通業者向け SP	小売業者による 消費者向け SP
価格訴求型	• キャッシュバック • クーポン • 増量パック • バンドリング	• アローワンス 　（協賛金・販促金） • 特別出荷 　（増量・値引き）	• 値引き • クーポン • バンドリング
情報提供型	• ダイレクトメール	• トレードショー	• チラシ • 店頭 POP • 特別陳列
体験提供型	• サンプリング • モニタリング	• サンプリング	• デモンストレーション
インセンティブ 提供型	• オープン懸賞 • クローズト懸賞 • プレミアム（景品） • コンテスト • セルフリキデーション • フリークエンシー・ 　プログラム	• コンテスト • 販売助成	• スタンプ • フリークエンシー・ 　プログラム • スピードくじ

出所：上田・守口編（2004），p.23，表 1-2 を一部修正

（2）評価

SP を実施した後には,広告と同様,効果を測定し評価する必要がある。SP は，一般的に短期的な売上向上を目標とする施策であるため，売上や販売量の変化を測定し効果を確認することになる。その際，短期的・長期的，両方の視点を持つべきである。時間的な視点を持ち施策の効果を測定することで，「需要の先食い現象」や「共食い現象」を発見することができるだろう（図 12-1）。

需要の先食い現象とは，図 12-1 のように，プロモーション実施期間中の売上は増加するものの，終了とともに売上がプロモーション実施前よりも減少することをいう。トイレットペーパー，洗剤，シャンプー，食用油や調味料など保存可能な必需品によくみられる現象で，消費者が「いずれ使うものなのでお得な SP 実施期間中に買っておこう」と考え，買い溜めすることで起きる。近い将来に得られるはずだった売上が前倒しされたにすぎず，長期スパンで売上を見ると販売数量は変わらないばかりか，SP を行うことでかかったコスト分だけ利益が減少してしまう。

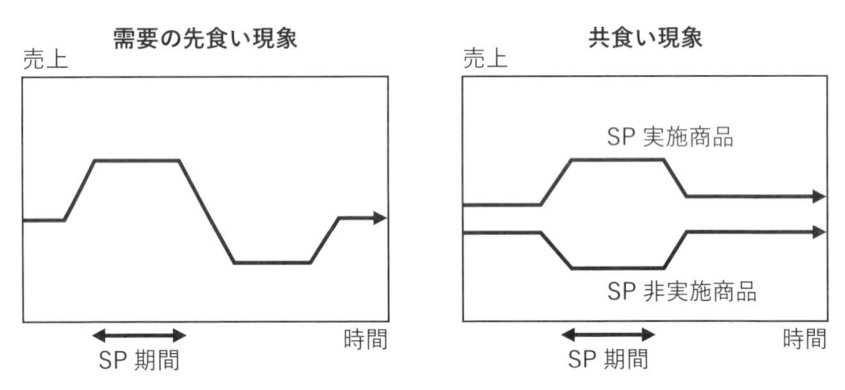

図 12-1　セールス・プロモーションの効果測定
出所：渡辺，守口（1998），p.145，図表 6-1 および 6-2 より作成

共食い現象とは，図12-1のように，需要の先食い現象は見られず，対象製品の売上増加につながったものの，SPを行っていない他の製品の売上が低下することをいう。他社製品購入者の同社製品への乗り換えが起きているのならばよいが，時には自社の他製品の需要を奪ってしまうケースもある。自社の売上に貢献しうる他の製品の需要を食べてしまうという意味で，共食い現象と呼ばれる。自社内で共食い現象が起きると，需要を食われた製品の売上減によって，トータルではSPの売上貢献が得られないということもある。

したがって，SPの効果を正しく測定するためには，短期的・長期的な視点で売上を確認することや，対象製品の売上だけでなく，対象外製品の売上推移を確認し，影響が及んでいないことを確認する必要がある。

（3）SP の留意点

今日，多様なSPが実施されている。その背景には，市場での競争が激化していることに加えて，日本の消費者は欧米に比べて非計画購買の割合が高いことがある。スーパーでは70％から90％程度の購買が非計画購買であることが過去の研究で指摘されている。この結果は，値引きや増量，大量陳列など店頭で実施されるプロモーションが購買意思決定に大きな影響を与えやすいことを示唆している。

中でも価格訴求型SPを実施することは売上向上につながりやすい。しかし値引きの原資は利益であるため，大幅な値引きは利益減に直結することを念頭に置く必要がある。また，消費者の価格やブランドに対する知覚への影響も考慮しなければならない。値引きされた価格で製品やサービスを購入した消費者は値引きされた価格がその製品やサービスの妥当な価格，いわゆる内的参照価格だと考えるようになる。そのため，同程度の値引きでは消費者の購買を促進する効果が得られなくなるだけ

でなく，通常の価格に戻すと高く感じて購入されなくなる。価格訴求型SPやインセンティブ提供型SPの実施中になんらかの製品やサービスを購入した消費者は，購入場面を振り返った際，それら製品やサービスの選択理由を「安くなっていたから」「おまけがあったから」などSPに求めがちである。次の購入時にSPが実施されていないと同じ製品やサービスを選択しにくいといったことが起こりうる。複数のタイプのSPの特性を理解して，戦略的に実施することが望ましい。

4. 人的販売

人的販売とは，営業担当者や販売員が企業や製品，サービスに関する情報を消費者や流通業者に口頭で伝達するプロモーション活動である。他のプロモーション活動とは異なり，人的販売ではコミュニケーション活動と販売活動とが含まれる。また双方向でのコミュニケーションが可能であるため，顧客や流通業者の状況やニーズを把握して，それにあわせた柔軟な対応が可能であることが最大の特徴である。消費者に使用方法やベネフィットが十分に伝わっていない新製品，説明の有無で製品の機能や品質，価値に対する理解度が大きく変わるハイテク製品や金融商品，高価な宝石や専門職サービスなどの金銭的，社会的リスクの大きな製品において，人的販売が有効である。

一方で，人間が個別に対応するため一度に大人数の顧客対応は難しいことや，人的資源の確保・教育・管理のためのコストが大きいことが欠点である。日本では生産人口減少により従業員確保が難しくなっている。工業技術やIT技術を駆使した仕組みを導入することで省力化を進め，人間にしかできない高度なコミュニケーションや行き届いた対応を人的販売に求めるようになっている。

5. パブリック・リレーションズ

　パブリック・リレーションズ（Public Relations：**PR**）とは，組織体が社会とのより良い関係性を構築し維持するために行う活動の総称である。良好な関係を築くことで好意的な評判を獲得し，望ましいイメージを構築する。またネガティブな話題やできごとに対処し，コミュニケーションをとおして実態の正しい理解を促し，好ましくない噂やイメージの拡散や浸透を回避することが目指される。

　PR と略されることもある。この言葉は，「自己 PR がうまい」などアピールする，売り込むという意味で使われることが多いため，パブリック・リレーションズの正しい理解を妨げる 1 つの要因となっている。また日本の企業では「広報」「広報・広聴」や「コーポレート・コミュニケーション」が一般的に用いられていることから，訳語としてこれらの言葉があてられることが多い。しかし，これらは PR 活動の一部を表しているに過ぎず，全体像を正しく伝えるものではない。

　では PR ではどのような業務を行っているのか。代表的な活動には報道対応やパブリシティ活動がある。パブリシティとは，企業や製品・サービス，あるいは関連情報が記事としてメディアに取り上げられることをいう。PR 担当者はメディアから寄せられる日常的な取材依頼に対応し，加えて，プレスリリースや視聴覚資料の作成，プレス発表会やイベントの開催などを通して各種メディアに情報提供を行い，記事として取り上げられるよう働きかけている。ほかには公共活動や社会貢献活動，投資家に対する情報提供活動，業界やその活動について実態を広く知らしめ社会の理解を増進するためのロビー活動なども含まれる。

　従来，主としてマスメディアを通して行ってきた社会とのコミュニケーションを，多様なデジタルコンテンツを用いて直接行うことができ

るようになった。例えば，自社が保有するオウンド・メディアを用いて情報発信や情報収集を行うことができる。オウンド・メディアには従来からある企業が発行するカタログやパンフレットといった紙媒体に加えて，企業ウェブサイトやモバイルサイト，フェイスブックやX，Line などの企業アカウントページなどがある。デジタルのオウンド・メディアでは，企業の情報提供に対して消費者からの好意や賛同の反応が寄せられる。コメント機能を用いて生の声の聴取や双方向でのコミュニケーションが可能である。また消費者が自主的にコメントを発信するアーンド・メディアを観察することで，自社および自社製品に対する消費者の反応を読み取ることができる。

　社会との良好な関係構築のためには，企業や製品に対する社会の正しい理解が不可欠である。広くステークホルダーに情報を伝える活動を行い，同時に，社会の代表者としての報道記者の反応や意見や，アーンド・メディアから読み取れる消費者の意見を収集し，それらに正しく対応する。また社会貢献活動をとおして，持続可能な社会の実現に寄与するなど正しい行動を行う。こうしたプロセスによって，企業は社会の信頼を獲得し，その存在意義を高め，円滑な企業経営や事業運営の基盤を獲得するのである。

学習課題

1. 「情報提供型広告」「説得型広告」「比較広告」「リマインダー型広告」「強化型広告」, それぞれ 1 つずつ広告を探し, その意図を分析してみよう。
2. 具体的な製品やサービスをとりあげ, どのようなプロモーション・ミックスが採用されているのか分析してみよう。

参考文献

- 石崎徹編著（2022）『マーケティング・コミュニケーションと広告〔第 2 版〕』八千代出版。
- 上田隆穂, 守口剛編（2004）『価格・プロモーション戦略』有斐閣。
- フィリップ・コトラー, ゲイリー・アームストロング, マーク・オリバー・オプレスニク（2022）『コトラーのマーケティング入門〔原書 14 版〕』丸善出版。
- 水野誠（2014）『マーケティングは進化する―クリエイティブな Market+ing の発想―』同文舘出版。
- 渡辺隆之, 守口剛（1998）『セールス・プロモーションの実際』日本経済新聞出版社（日経文庫）。
- 和田充夫, 恩藏直人, 三浦俊彦（2022）『マーケティング戦略〔第 6 版〕』有斐閣。

13 | マーケティング・コミュニケーション

安藤和代

《目標＆ポイント》　マーケティングとコミュニケーションは密接に関係している。本章では，コミュニケーションとは何か，消費者はコミュニケーションにどのように反応するのかを理解することから始める。また，多様なメディアを活用する今日の消費者と企業とのコミュニケーション機会は増大している。情報環境変化やそれに伴うコミュニケーションの変化がどのような課題を生み，企業はどのように対応しているのかを学ぶ。

《キーワード》　4Pと4C，コミュニケーション・モデル，コミュニケーション反応モデル，精緻化見込みモデル，クチコミ，統合型マーケティング・コミュニケーション

1. マーケティング・コミュニケーションの定義

　マーケティング・ミックスでは，製品（Product）・価格（Price）・流通（Place）・プロモーション（Promotion）の政策を適切に組み合わせることで事業目標の達成が目指される。これらの要素は企業がコントロール可能なマーケティング要素である「4P」として知られているが，それらを消費者視点で捉えなおすと，次の「4C」に言い換えることができる。

　マーケティングでは，消費者は自身が抱える問題を解決するために製品を購入すると考える。したがって製品を消費者視点で捉えなおすと顧客の問題解決手段を意味する「Customer solution」と言い換えられる。

消費者は製品を入手するために企業が設定した価格を支払う必要がある。金銭的な支出のみならず，入手にかかる時間や労力，そのプロセスがスムーズでなければ心理的なコストも支払っている。したがって企業からみる価格は，消費者にとって「Cost」と捉えることができるだろう。次に流通はどうだろうか。企業は流通政策をとおして消費者に製品を届ける最適な方法を検討する。消費者にとっての入手しやすさ，利便性の構築と捉えることができることから「Convenience」と言い換えられる。最後のプロモーションでは，前章で述べたとおり，企業や製品に対する消費者の認知や理解を高め，好ましい態度や行動を醸成することで，当該製品の販売の促進が目指される。その目的達成のために行われる送り手である企業から受け手である消費者への情報提供であり，また情報収集でもある。消費者の視点からみると企業との「Communication」ということができる。

　さらに消費者視点で考えてみると，製品にまつわる情報を消費者に伝達する役割を果たしているのはプロモーション施策だけではない。製品政策で検討される製品の色，形状や量には，性別や年代など企業が設定するターゲットが表れている。パッケージには成分や特徴，使用方法などが記されており，「もの言わぬ販売員」と呼ばれるほどに製品について多くのことを消費者に知らせている。ブランドは製品の歴史やコンセプト，それらにひもつく世界観を端的に表現している。このように製品政策をとおして多くの情報を消費者に提供している。価格や流通の政策でも同様である。高く設定された価格は，製品のステータスや品質の高さを暗示している。販売する店舗のイメージは，そのまま製品のイメージとして消費者にメッセージを送っている。

　プロモーションを含めたマーケティング・ミックスの４つのＰのすべてはコミュニケーション機能を有しており，企業は４Ｐを用いて顧客

とのコミュニケーションを図っていると捉えることができる。こうした考えは，広義のマーケティング・コミュニケーションと呼ばれ，他方で，従来のプロモーション政策は狭義のマーケティング・コミュニケーションと呼ばれている。

2. コミュニケーション・モデル

　マーケティング・コミュニケーションでは，意図したとおりに情報を伝達し，消費者の理解や納得を得て，行動を変容あるいは促進させることが目指される。こうしたコミュニケーションの目標を達成することがいかに難しいかを，私たちは日常の体験から十分に理解している。例えば言葉の不足や選択ミス，伝えるタイミングや場所の選択ミス，意図せぬ他者の登場や発言など様々な要因によって他者の説得が失敗に終わるという体験を，私たちの誰もが持っている。

　コミュニケーション巧者になるためには，コミュニケーションとはどのようものなのかを知る必要がある。その理解に役立つモデルを見ておこう。

（1）コミュニケーション・モデル

　図 13-1 は，代表的なコミュニケーション・モデルの1つである。このモデルの構成要素には情報の「発信者」と「受信者」，そして「メッセージ／メディア（媒体）」が存在する。さらに発信者が伝えたい情報をメッセージに「エンコーディング（記号化）」する段階と，受信者が記号化されたメッセージを「デコーディング（解読)」する段階とが含まれる。解読した受信者は何らかの「反応」を示し，発信者はそれを「フィードバック」として受け取る。情報の発信者は意図したとおりにメッセージが受信者に届くよう，プロセスを適切に管理する必要がある。

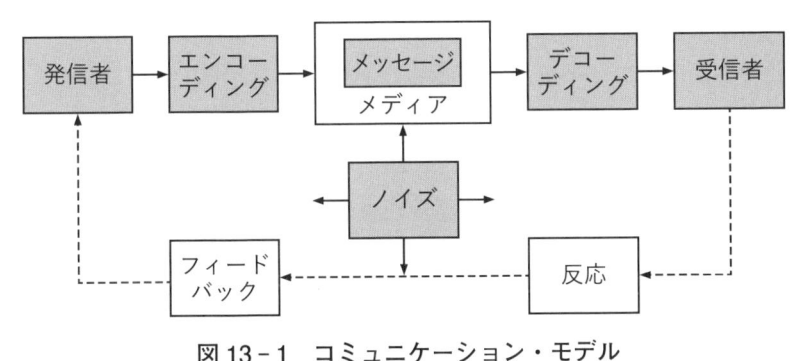

図13-1　コミュニケーション・モデル
出所：コトラー，ケラー，チェルネフ（2022），p.437

マーケティング・コミュニケーションを想定し，プロセスの詳細と，プロセスを管理する際の注意点を具体的に見ていこう。

　マーケティング・コミュニケーションの場合，主として発信者は企業，受信者は消費者ということになる。メッセージ／媒体はコミュニケーションの手段を表している。企業は届けたい情報を，消費者が認識しやすく，好ましい反応を示しやすい言語や図，音声，画像に変換する。そのプロセスが記号化であり，記号化されたものがメッセージ，メッセージを伝達する手段が媒体である。前章で学んだように，媒体にはテレビ・インターネットメディア・新聞・雑誌などがあり，ターゲットとする消費者層やメッセージに適した媒体を選択することが，メッセージを意図どおりに受信者に伝えるために重要である。また企業の意図が正しく記号化され，効果的なメッセージが作成されるためには，事前に製品やブランドのコンセプトやコミュニケーションの目的が十分に検討され，明確になっていることが必要である。

　次にメディアを媒介してメッセージに接触した消費者は，メッセージに込められた内容を解読し意味を理解する。そして記憶に留めたり，好

意的あるいは否定的な態度や行動意向を表したりするなど，反応を示す。消費者の反応をフィードバックとして把握することで，企業はコミュニケーションの効果を測定している。消費者はメッセージの受け手であり，反応の送り手でもある。企業はメッセージの送り手であり，フィードバックの受け手でもある，といった循環がモデルに描かれている。

　ここで企業が注意すべきことは，マーケティング・コミュニケーションの受信者である消費者がメッセージを解読する方法やそれに伴う反応は，第4章で学んだように，人によって異なるということである。人は自身が関心のある情報にしか注意を向けない（選択的接触や選択的注意）ものである。体調不良に気づくと街中の病院の看板が目に入るようなる。受験生や受験生を持つ家族は電車内の大学の広告に関心が向くようになる。しかしそれ以外の消費者は必ずしもそうではないだろう。メッセージの巧拙にかかわらず，消費者は関心のない事象に関するメッセージに注意を払ってはくれない。

　また消費者がメッセージに注意を向けたとしても，意図通りに解読するとは限らない。情報をそのまま受け取ることなく，自身が保有する知識や態度に合致するようメッセージを解釈する傾向がある（選択的歪曲）。特定の広告が激しい批判の対象となる場合があるが，消費者がメッセージを制作者の意図とは異なる方法で解釈したためと考えられる。もう1つは選択的記憶である。人はすべての情報や事象を等しく記憶するわけではない。情報が当該者の関心や価値観，信念に合致する場合に記憶される可能性が高くなるが，それは選択的注意や選択的歪曲からも説明することができる。

　意図通りのコミュニケーションを困難にするのは，消費者個人の要因だけでなく，外的な要因もある。それを**図 13-1** のモデルでは「ノイズ」として示している。文字通り，記号化ならびに解読時の周囲の雑音であ

る。テレビ広告放映時の家族との会話，競合製品の広告，消費者の評価や SNS 上のクチコミなどがノイズに含まれる。加えて，マーケティングが実践される文脈において，国や文化などの地域性，自社製品のブランド力，ライバルとの比較の中で決まる競争地位などの影響を受けることが推察される。例えば，複数の国において同じブランド名で展開を試みるとき，特定の国の言葉では好ましくない意味をそのブランド名が含むため消費者の解読にネガティブなバイアスをかけることがある。また企業や製品，ブランドに対する既存の評価や消費者の態度，競合他社の存在なども同様に偏った解読につながることがありえる。企業と消費者はそれぞれ異なる文脈の中で生きており，したがって，それぞれの視点で情報の記号化や解読を行っていることを考慮したコミュニケーションプランが求められる。

（2）コミュニケーション反応モデル

　マーケティング・コミュニケーションに対して消費者はどのように反応するものなのだろうか。マーケティング情報に接してから購買に至るまでの消費者の反応プロセスを示した代表的なモデルに AIDMA モデルがある。Attention（注意），Interest（興味・関心），Desire（欲求），Memory（記憶），Action（行動），それぞれの言葉の頭文字からなるこのモデルでは，広告などのマーケティング・コミュニケーションに消費者が「注意」を向け，製品に対する「興味・関心」，さらには所有あるいは使用したいという「欲求」が高まり，さらには消費者が抱いた製品に対する態度や情報を「記憶」することで，しかるべきタイミングでの購入という「行動」につながる，といった流れが示されている。

　AIDMA のほかにも，セールスパーソンによる販売プロセスを想定し，短期的な反応を念頭に，Memory/ 記憶を除いた AIDA モデル，記憶の

代わりに Conviction（確信）を加えた AIDCA モデルなどもある。

　近年のインターネット環境を前提とした新しいモデル化に向けた動き
もみられる。その代表が AISAS モデルである。このモデルは，マーケ
ティング・コミュニケーションに注意を向け，興味・関心を抱いた消費
者はオンライン上の情報を検索し（Search），購買行動をとったのちに，
オンライン・メディアなどに使用場面に関する情報や，製品に対する評
価や感想を投稿し，他の消費者と共有する（Share）というものである。

　いずれも消費者のマーケティング・コミュニケーションに対する反
応が一方向に進むと仮定されたもので，反応階層モデルと呼ばれてい
る。そしていずれのモデルにおいても，マーケティング・コミュニケー
ションに対する消費者の反応は，認知段階（cognitive stage），感情段
階（affective stage），行動段階（behavior stage）の順で進むと想定さ
れている（**図 13-2**）。

	AIDA	AIDMA	AISAS
認知段階	Attention（注意）⇩	Attention（注意）⇩	Attention（注意）⇩
感情段階	Interest（関心）⇩ Desire（欲求）⇩	Interest（関心）⇩ Desire（欲求）⇩	Interest（関心）⇩
行動段階	Action（行動）	Memory（記憶）⇩ Action（行動）	Search（探索）⇩ Action（行動）⇩ Share（共有）

図 13 - 2　コミュニケーション反応モデル

（3）精緻化見込みモデル

消費者関与によってマーケティング・コミュニケーションのメッセージを処理する方法が異なることが，リチャード・ベティとジョン・カシオッポが示した**精緻化見込みモデル**で確認できる（**図13-3**）。

第4章で学んだように，関与とは対象に対して抱く関心や思い入れのことである。消費者は日ごろから，関与が高い製品に関する情報に接し，多くの知識を持ち，また購入にあたり，製品の基本的な属性や性能について丁寧に吟味することが推察できる。精緻化見込みモデルでは，消費者が時間と労力をかけてまで情報を精緻に処理しようと考える「動機」や，十分な知識を有し情報を精緻に処理する「能力」を持っているか否かで，異なる情報処理方法をとることが示されている。動機と能力と両方を有する消費者は，「中心的ルート」を採用し，深い思考をベースに

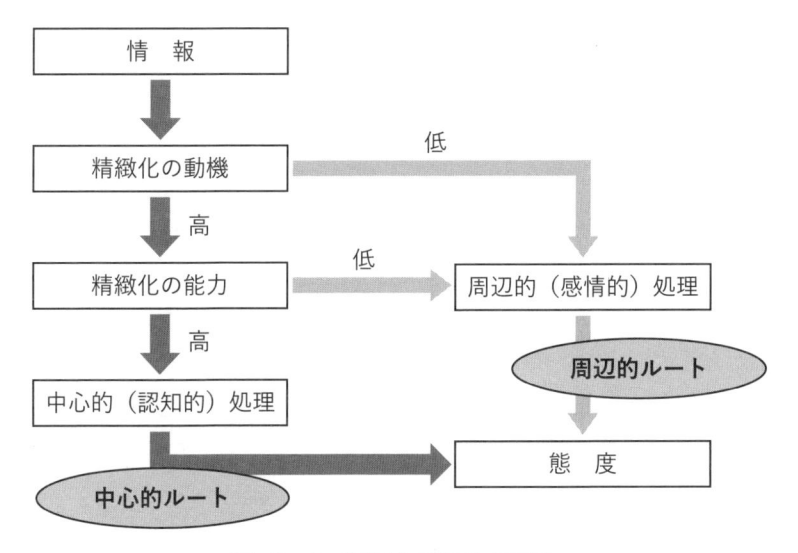

図13-3　精緻化見込みモデル
出所：Petty and Cacioppo（1986）より作成

精緻な情報処理を行う。パソコンを例にあげるなら，高い買い物であるし，処理速度が仕事や勉強に影響するので自分に適したパソコンを吟味して選びたい（情報処理動機が高い），今回は 3 台目のパソコン選びなのでパソコンに関する知識があり，収集した情報を理解し処理することができる（情報処理能力が高い）といった消費者は，広告やパンフレット，メーカーのホームページ，販売員の説明，オンライン上に投稿された消費者のクチコミなどで CPU やメモリ，システムの性能や OS のバージョン，重さ，デザインなどパソコンを機能させるために重要な仕様を詳細に確認し，自身の希望と照らして購買する製品を判断すると想定している。

　他方で，動機と能力のいずれかしか持たない，あるいは両方を持たない消費者は，「周辺的ルート」を採用し，感情的な判断をベースとする簡便な情報処理を行う。パソコンの仕様を見ても判断できない（情報処理能力が低い），仕事で，あるいは授業で用が足せれば十分，特段のこだわりはない（情報処理動機が低い）といった消費者は，ホームページで紹介されている使用シーンが私のそれにあっている，広告で起用されたタレントのファンだから，販売員が親切で印象がよかったから，といった厳密にいえばパソコンの本質とは関係のない情報を手がかりに意思決定を行うと考えている。

　幅広い製品カテゴリーでコモディティ化が進む今日では，簡便な意思決定がとられるのは，購買頻度の高い日用品や食料品などに限らない。例えば高機能な電子機器や家電品などの購買シーンを想像してほしい。技術的な革新が進んだ結果，製品の機能は高度化し，自分が持つ知識では評価や判断が困難だと消費者に感じさせる製品が増えている。その結果，精緻に情報処理する能力がないと消費者が感じやすくなっている。また製品の品質が高い水準で均一化し，メーカー間の差が見出しにくく

なっているため，いずれの製品を購入しても大差なく，どの製品を選択したとしても満足できるだろうと考える消費者は少なくない。消費者の情報処理動機は低下していることだろう。こうした状況から，多くの購買シーンで消費者は簡便な意思決定をしている可能性が高いと推察される。「知っているブランドだから」「いつも買っている製品だから」「最安値だから」「大量陳列されていた」「店員のお勧め商品だから」「購入者のクチコミ評価が高かった」などの理由で判断される。短時間で消費者に訴求できる明確なマーケティング・コミュニケーションの必要性がますます高まっている。

3. 多様なコミュニケーション・チャネル

マーケティング・コミュニケーションの領域がプロモーション・ミックスからマーケティング・ミックスに拡張していることを第1節で述べたが，今日ではその領域がさらに拡張し，顧客とのあらゆる接点（コンタクトポイント）をコミュニケーションのチャネルと考えるようになっている。新しいコンタクトポイントを創り出すどのようなメディアが注目され，メディア・ミックスが検討されているのだろうか。

（1）トリプル・メディア

デジタル技術が発達したことで，広告媒体としての役割を果たす新しいタイプのメディアが登場した。多様な選択肢からメディア・ミックスを検討することができるようになる中で，媒体をメディアの種類や，マスメディアか否か，インターネットか非インターネットかで捉えるのではなく，大きくペイド・メディア，オウンド・メディア，アーンド・メディアの3つに分類する方法が示されている。

ペイド・メディアとは，企業が広告費を支払うことで利用可能な媒体

のことである。テレビや新聞，雑誌を含む伝統的な広告メディアはこれにあたるが，今日では多様なデジタル・メディアが広告媒体としての存在感を高めている。インターネットサイトに掲示されるバナー広告やディスプレイ広告，リスティング広告などである。ディスプレイ広告とは，検索サイトやポータルサイトなどの一部に表示された広告をクリックすると当該製品のウェブサイトに誘導される仕組みの広告のことをいう。またリスティング広告とは，消費者がなんらかの検索ワードを打ち込んだ際，検索結果とは別に，関連する企業や製品の広告や，「広告」と付記されたウェブサイトが表示される仕組みの広告である。加えて，近年では YouTube などで動画を再生する際，冒頭に短く流れるビデオ広告や，メールマガジンの中に数行の広告を挿入するメール広告も活用されている。デジタル・メディアを含むペイド・メディアを組み合わせたメディア・ミックスが行われている。

　オウンド・メディアとは企業が保有する媒体のことである。従来，企業が自らの情報を発信するメディアは，自ら発行するカタログやパンフレットなど紙媒体に限られていた。しかし，今日では，企業ウェブサイトやモバイルサイト，フェイスブック，Line などの企業アカウントページなどを用いて自ら編集した情報を発信することができる。また，デジタル・オウンド・メディアでは企業が発信した情報や質問に対して，消費者が反応や回答を返したり，自発的に意見やコメントを書き込んだりする。双方向でのコミュニケーションが実現している。

　最後の**アーンド・メディア**とは，消費者が自発的に情報発信する際に用いられる媒体のことで，例えばフェイスブックや X（旧 Twitter）である。これらメディアは，「広告主の明示」「有料」「非人的コミュニケーション」といった広告の定義にあてはまらない。しかし，消費者は個人ブログや SNS に書き込まれた製品やサービスに関するクチコミを参照

して製品についての理解を深めたり，他の消費者との会話をとおして製品やサービスを評価したりしている。企業の視点からみると，アーンド・メディアの情報は明らかに，広告と類似する機能を果たしている。

　企業から一方向で発信される情報を受動的にうけとる伝統的なメディアと異なり，デジタル・メディアでは，双方向でのコミュニケーションが可能で，消費者の能動的なコミュニケーションにつながる。その結果，消費者の中には企業のコミュニケーション活動を支援する「サポーター」さえ存在する。トリプル・メディアを用いたコミュニケーションを検討する際，企業，消費者，そしてサポーターの三者間の関係を考慮したプランを策定することの重要性が指摘されている。

（2）パーソナル・コミュニケーション

　AISAS モデルやアーンド・メディアの働きを確認することで，オンラインでの消費者間コミュニケーションがマーケティング・コミュニケーションに果たす役割の大きさが確認できた。しかし消費者間コミュニケーションはオンラインだけで行われているわけではない。消費者は日常的に家族や友人・知人などのクチコミや推奨に接し，それらを活用している。2012 年に米国で実施された調査によれば，平均的な消費者は週に 65 のブランドについて会話しており，ソーシャル・メディアが普及した今日においてもその 90％以上をオフラインで行っている。

　クチコミとは，特定の製品やサービスの所有，使用，特徴，あるいはその販売者について消費者の間で交わされる非公式のコミュニケーションのことをいう。2015 年に実施されたニールセンの調査結果では，知人のクチコミを信頼する人の割合は 83％で，インターネット上のクチコミ（66％）やテレビ広告（63％）の割合より高かった。クチコミを信頼し受容する要因の 1 つは，受け手自身がクチコミやその送り手を選択

できることである。さらに送り手が対象分野に詳しく専門性を有している，中立的な第三者である，自分と立場や価値観の類似性が高いとき，人は情報を受け入れやすい。

さらにクチコミが有する特性が情報の影響力を高める。クチコミでは製品や消費に関する事実のみならず，それらに対する送り手の評価や感情反応が語られる。また表現の精彩さ，物語性，表情や視線，声のトーンといった非言語要素を有するクチコミは，受け手の感情的な反応を高めやすい。問題認識から比較検討の段階で活用されやすい広告に対して，クチコミは意思決定の最終局面で活用されるため，態度変容につながりやすいことも指摘されている。

企業が発信する情報を消費者に広めその効果を高めるためにも，消費者のクチコミが重要であることが**コミュニケーションの２段階の流れ**（the two-step flow of communication）**仮説**から理解できる。マスメディア情報はオピニオン・リーダーを介してノンリーダーに伝えられるという指摘である。オピニオン・リーダーとは，日常の個人的な接触を通して他の人々の意思決定や意見形成に影響を与える人をいい，インフルエンサーとも呼ばれる。その後の研究で内容や環境によって異なる方法や段階数で情報が流れることが示されてきたが，他方で，マスメディア情報の受け手は社会的な交流のなかに存在し，相互コミュニケーションが交わされるなかで情報が広まり影響力が高まると一貫して考えられている。

インフルエンサー・マーケティングでは，自社の製品やサービスのターゲット層に影響力をもつインフルエンサーを見つけ出し，その人に自社の製品やサービスを紹介してもらう。今日ではフォロワーの多い，あるいは特定商品と関連の深いテーマ，例えばファッションやメイク，運動，健康などに特化した情報を発信するユーチューバーやインスタグラマーなどを起用したインフルエンサー・マーケティングが実施されている。

クチコミされやすい情報を発信することで消費者とコミュニケーションを行う施策が展開されている。そうした施策の1つであるバズマーケティングでは，会話を誘発するよう工夫を凝らしたブランド関連情報やエンターテイメント・コンテンツを創造し提供する。斬新で革新的な商品やユニークなキャンペーンは話題性が高く，感情を伴う多くのクチコミを誘発する。しかし短い期間で終息するケースも少なくない。他方で継続して語られる対象には日用品，耐久品，サービス，新製品も既存製品も含まれる。たとえば，広く利用される製品や，広告や販売促進策が展開されている製品などは，会話のきっかけが多くもたらされることでクチコミが生じやすい。包括的なマーケティング施策やブランド構築を実践することが，クチコミの強化策としても機能する。

4. 統合型マーケティング・コミュニケーション

顧客とのあらゆる接点（コンタクトポイント）をコミュニケーションのチャネルと考えマーケティング・コミュニケーションが実施されるようになったことで，それに伴う課題が生じている。

1つにはメッセージの一貫性に関する課題である。近年のデジタル・メディアやソーシャル・メディアの登場は，よりターゲットを絞り，対象に適合したマーケティング・コミュニケーションを可能にする。よりパーソナライズされた，双方向でのコミュニケーションは，顧客との関係構築に有効に働く可能性が高いため，マーケターは市場を細分化し，ターゲットに合わせたメッセージを作成する。そしてあらゆる顧客との接点をコミュニケーションの機会と捉え，機会を逃さずコミュニケーションを図るよう努める。その結果，1人の消費者が多様なメディアを通して受け取るメッセージの内容やイメージに一貫性が見いだせない，といったことが生じている。さらに，彼らが受け取るメッセージは企業発信

のものだけではない。アーンド・メディアに消費者が投稿したブランド情報も含まれる。メディアごとに情報が違っていたり，イメージが一致していなかったり，寄せ集めの情報に消費者がさらされているリスクがある。

　一貫性にまつわる問題を生む要因には，多様なコミュニケーションメディアが普及しそれらを最大限活用しようとしていることにあるが，それだけではない。企業内の組織の問題がある。今日のコミュニケーション環境を最大限活用すべく関係者が努力をするとき，かれらの所属は宣伝部や広報部，事業部，販売部などの複数部署にまたがる。その結果，同一ブランドにまつわる表現要素を統一することやその管理が難しくなっている。

　断片的になってしまうマーケティング・コミュニケーションを，消費者の視点で一貫性をもたせるよう統合する必要が生じている。その重要性は，1980 年代に提唱された統合型マーケティング・コミュニケーション（Integrated Marketing Communication : IMC）の概念ですでに提示されている。

　IMC は，広告，PR，SP などさまざまなマーケティング・コミュニケーション手段を 1 つの複合体として捉え，消費者の視点からコミュニケーションの全体を再構築する活動と定義づけられている。IMC では，コミュニケーションの受け手の視点を重視する，コミュニケーションの長期的な効果を重視する，加えてあらゆる顧客接点をコミュニケーション手段として捉える，最後に，戦略的にプロセスを統合することの重要性が強調されている。

　IMC の考えに基づき，近年では，組織や意思決定のあり方が見直されている。マーケティング・コミュニケーションを管理し調整する IMC の責任者を置く企業も現れている。責任者の下，部署横断で最適なメディア・ミックスや，各メディアが果たす役割とそれぞれが使用さ

れる範囲を決定し，主要なキャンペーンや各プロモーションを実施するタイミングを入念に調整する。そうすることで，一貫性のあるコミュニケーションが実現し企業やブランドのイメージを統一させられる。その結果，売上や利益などマーケティング成果と結び付けやすくなると考えられている。

学習課題

１．具体的な企業を取り上げ，コミュニケーション活動を展開する中で，ノイズとなり得るものになにがあるかを考えてみよう。

２．好きなブランドを１つ取り上げ，あなたがIMC責任者であったならどのようなインフルエンサーを用いたコミュニケーション活動を行うか，考えてみよう。

参考文献

- 石崎徹編著（2022）『マーケティング・コミュニケーションと広告〔第2版〕』八千代出版。
- エド・ケラー，ブラッド・フェイ（2016）『フェイス・トゥ・フェイス・ブック―クチコミ・マーケティングの効果を最大限に高める秘訣』有斐閣。
- フィリップ・コトラー，ケビン・レーン・ケラー，アレクサンダー・チェルネフ（2022）『コトラー＆ケラー＆チェルネフ　マーケティング・マネジメント〔原書16版〕』丸善出版。
- フィリップ・コトラー，ゲイリー・アームストロング，マーク・オリバー・オプレスニク（2022）『コトラーのマーケティング入門〔原書14版〕』丸善出版。
- Petty, R. E. and J.T. Cacioppo（1986），*Communication and Persuasion: Central and Peripheral Routes to Attitude Change*, Springer-Verlag.

14 | リレーションシップ・マーケティング

石井裕明

《**目標＆ポイント**》 市場が拡大しない成熟市場においては，既存顧客の維持が重要になる。本章では，顧客との関係性を重視したリレーションシップ・マーケティングについて学んでいく。まずリレーションシップ・マーケティングに注目が集まるようになった背景を確認し，どのような関係性が想定されているのかを明らかにする。また，リレーションシップによる効果や発展過程，注意点などについての学習を進めることで，リレーションシップ・マーケティングについての理解を深める。
《**キーワード**》 顧客シェア，顧客生涯価値，ブランド・ロイヤルティ，ダブル・ジョパディ

1. リレーションシップ・マーケティングへの注目

（1）リレーションシップ・マーケティングとは

　ここまでの章を学んできて，読者の皆さんは，マーケティングに対してどのようなイメージを抱いているだろうか。もしかすると，新規顧客の獲得に重点が置かれているように感じているかもしれない。実はかつてのマーケティングは，新規顧客の獲得に重点を置いており，マーケティングの焦点は1回1回の取引としての「交換」にあった。しかしながら，企業が利益を獲得し，成長を遂げていくためには，新規顧客の獲得だけでなく，既存顧客の維持も重要であることは明らかである。既存顧客の維持を軽視して新規顧客の獲得を目指す様は，いくら新しい水

を入れたとしても水が増えることはない底のないバケツにたとえられる。

　既存顧客の維持を重視するのであれば，マーケティングも1回1回の取引だけを注視するのではなく，取引を継続的に実現する「関係性」の構築に焦点を合わせなくてはならない。そこで，顧客との関係性の構築を重視したリレーションシップ・マーケティングに注目が集まることになった。リレーションシップ・マーケティングで取り上げられる関係性とは，友好的で，持続的で，安定的な結びつきのことであり，こうした結びつきを構築することにより，長期的に見て好ましい成果の実現が目指される。

（2）リレーションシップ・マーケティングの背景

　第1章で指摘したとおり，新規顧客獲得には既存顧客維持に比べて5倍のコストがかかるといわれている。同じ売上を獲得していたとしても，既存顧客からのほうが利益を上げやすいことが示唆されており，あらためて既存顧客の重要性を理解できるはずである。

　それに加えて，顧客の収益性の違いも指摘されている。一般的に，消費金額の大きい顧客は，通常の顧客に比べて10倍以上の支出をすると言われている。また，しばしば取り上げられるのは，「20対80の法則」と呼ばれるものである。これは，企業全体の収益の80％が上位20％の顧客によって生み出されるという考え方である。さらに，その収益の半分が下位30％の顧客へのサービスによって失われているとの主張もある。

　顧客の収益性とともに，顧客の購買全体に占める自社の割合である顧客シェアにも注目が集まるようになってきた。**図14-1**を参照しながら市場シェア20％のブランド a を想像してほしい。仮想的に年間に同じ

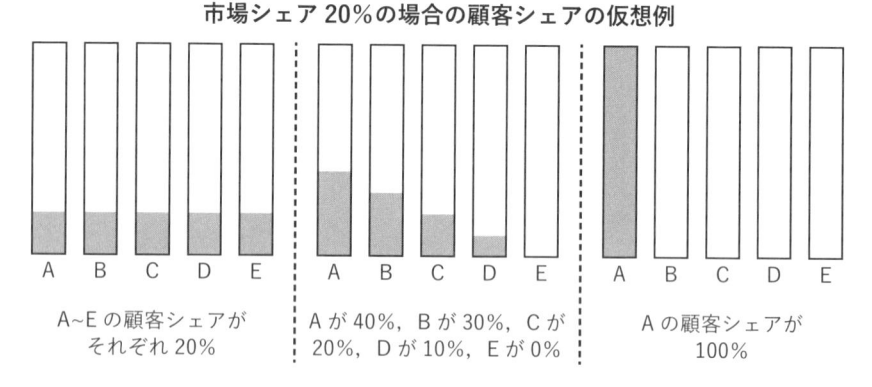

図 14－1　市場シェアと顧客シェア

出所：恩藏（2019），p.59．図表1-10を参考に作成

数量だけ消費する5人の顧客によって構成されている市場を考えると，AからEのすべての顧客においてブランド a が20％ずつ購入されていると市場シェア20％になる。しかしながら，同じ市場シェア20％であっても，誰か一人の顧客においてブランド a が100％購入されている状況を想定することもできる。後者のケースにおいて，企業は，顧客シェア100％の顧客を維持したうえで，他の顧客にアプローチしていくという方針が重要になるはずである。もちろん実際には，顧客シェアにばらつきが生じることのほうが一般的であろうが，企業は，顧客シェアを念頭に，自社の製品やブランドの戦略の方向性を検討しなくてはならない。

（3）顧客生涯価値への注目

　長期的な視点を重視しながら，個別の顧客シェアに注目してみると，それぞれの顧客が一生涯にわたって自社の製品やブランドにもたらす価値である**顧客生涯価値**の重要性が理解できる。企業は1回ごとの取引に目を向けるのではなく，当該顧客が生涯を通して顧客で居続けた場合の

価値を重視しなくてはならない。日本自動車工業会が行っている調査によると，自動車の保有年数は平均で7年ほどであるという。もし25歳で初めて自動車を購入し，70歳過ぎまで買い替えながら乗り続けるとしても，2回目以降の購入機会は6回しかない。この6回の購入機会を逃さずに，自社の自動車を買い続けてもらうためには，25歳での購入機会をそれ限りの取引として捉えずに，将来にわたって価値をもたらしてくれる顧客として対応しなくてはならないのである。

2. リレーションシップ構築

（1）ブランド・ロイヤルティ

リレーションシップ・マーケティングにおいては，再購買意図を高め，顧客維持を達成することが基本的な方針の1つとなる。高い再購買意図は，高い顧客満足によってもたらされるため，第1章で取り上げた顧客満足は，リレーションシップ・マーケティングの実現においても極めて重要な要因となることが分かる。

継続的な購買行動は，第9章で取り上げたブランド・ロイヤルティの考え方と対応している。**ブランド・ロイヤルティ**は当該製品やブランドを継続的に購買する傾向を意味しているが，しばしば2つの側面から議論される点には注意が必要である。1つは行動的なロイヤルティであり，製品やサービスを継続購買しているかどうかにより判断される。もう1つは心理的なロイヤルティであり，ある製品やサービスを将来も継続購買したいと思うかによって判断される。一般的に，心理的なロイヤルティが高まると，行動的なロイヤルティが高まると考えられている。

行動面においても心理面においてもロイヤルティが高い場合には，顧客は「真のロイヤルティ」を有していると考えられる（**図14-2**）。また，行動面においても心理面においてもロイヤルティが低い場合には，顧客

自社ブランドへの相対的態度

	高	低
高	真のロイヤルティ	見せかけのロイヤルティ
低	潜在的ロイヤルティ	ロイヤルティなし

自社ブランド
への反復購買

図 14-2 ロイヤルティの類型
出所：Dick and Basu（1994），p.101 より作成

が対象となる製品やサービスに対してロイヤルティを有していないこと
になる。

　注意しなくてはならないのが行動面と心理面のロイヤルティが一致し
ない状況である。心理的なロイヤルティが高いにもかかわらず，行動的
なロイヤルティが低い状況は「潜在的ロイヤルティ」と呼ばれる。たと
えば，価格が高いなどして入手が困難であるような製品やサービスにお
いては，心理的なロイヤルティが高かったとしてもそれが購買に結びつ
かないことがある。また，行動的なロイヤルティが高いにも関わらず，
心理的なロイヤルティが低い状況は「見せかけのロイヤルティ」と呼ば
れる。心理的なロイヤルティが高くない見せかけのロイヤルティにおい
ては，顧客は容易にブランドをスイッチすることになる。企業としては，
顧客の行動的ロイヤルティだけでなく，心理的ロイヤルティを把握し，
継続的な関係性を構築するための適切な対応が必要になる。

（2）感情的な結びつきの重要性

　確固たる心理的ロイヤルティが構築されていないと，顧客による購買
行動が継続しないことからも分かるとおり，リレーションシップ・マー

ケティングにおいては，いかにして心理的な結びつきを構築するかが重視される。これまでの議論から指摘されているのは，感情的な側面の重要性である。

　製品を継続的に購買する消費者の中には，品質や機能性に魅かれている人もいるかもしれない。もちろんこうした顧客においても，製品やブランドとの心理的な結びつきは構築されていると考えられる。しかしながら，こうした結びつきは認知的に冷静に判断された結果によるものであるため，品質や機能性に優れた別の製品やサービスが市場に導入されると，スイッチしてしまう可能性が高い。

　その一方で，製品やブランドに対する愛着などの感情的な思い入れは，ブランド全体に生じるものであるため，他の製品やサービスでは容易に代替できないことが知られている。したがって，消費者との強固な結びつきを構築するためには，ブランドに対する愛情や愛着を生み出し，感情的な結びつきを強化する必要性が指摘されている。

3. リレーションシップの効果

（1）購買行動に関わる効果

　強固なリレーションシップを構築した消費者は，当該製品やサービスを他の類似した製品やサービスとは異なる特別なものとして捉えることが多い。通常，そのような消費者は，非常に頑健な反復購買や継続購買を行う。また，競合ブランドにスイッチしにくく，値引きを要求することも少ない。したがって，強固なブランド・リレーションシップを有する顧客基盤を有するブランドは，値引きへのプレッシャーにさらされにくく，利益を獲得しやすくなる。

　リレーションシップの効果は，こうした取引に関わるものだけではない。製品やサービスに何らかの不祥事が生じた場合には，リレーション

シップの水準により，その反応が大きく変わる。特定のブランドに強い
リレーションシップを有している消費者は，何らかの不祥事が生じたと
しても，それを許容する可能性が高まる。かつてトヨタにリコールがあっ
た際にも，品質などの評価は下がってしまったものの，トヨタに対する
愛着の度合いなどは大きく変化しなかったという。こうした効果のこと
を免疫効果と呼ぶ。また，一部の顧客は，ブランドに関する不利な情報
がもたらされると，それに立ち向かい，ブランドを守ろうとすることも
ある。こうした効果はガーディアン効果と呼ばれる。

（2）購買行動に関わらない効果

　強固なリレーションシップの効果には，購買以外の場面で発揮される
ものもある。1つは周囲の顧客への影響に注目したものである。ブラン
ドと強固なリレーションシップを構築した顧客は，当該製品やサービス
を周囲の人々に紹介することが知られている。こうした効果は，顧客紹
介価値と呼ばれている。また，直接的に製品やサービスを紹介しなかっ
たとしても，強固なリレーションシップを有する消費者の様子を見るこ
とで，周囲の消費者が影響を受けることもある。こうした効果は，顧客
影響価値として整理されている。第13章で取り上げたとおり，近年の
SNSの発達は，顧客による情報発信の影響力を格段に増加させている。
リレーションシップの構築が他の顧客への波及効果を生み出すのであれ
ば，企業のプロモーションの効率化を図ることも可能になる。

　リレーションシップを構築した顧客が情報を提供するのは他の顧客だ
けではない。製品やブランドを提供する企業に対して自身の考えや情報
を伝えることも見逃せない効果の1つである。こうした効果は顧客知識
価値と呼ばれる。

　強固なリレーションシップを構築した顧客に注目し，アンバサダー・

マーケティングと呼ばれる取り組みを行う企業も増えてきた。アンバサダー・マーケティングとは，自社の熱狂的なファンやリピーターをアンバサダーとして任命し，積極的に情報発信をしてもらったり，製品開発に関する意見を聞いたりすることで，マーケティングに協力してもらう取り組みのことである。作業服市場で大きな存在感を有していたワークマンが女性顧客をターゲットとした「＃ワークマン女子」という新たな業態に乗り出した際には，ワークマンが任命していたアンバサダーの意見が全面的に反映されたという。

　近年のマーケティングにおいては，顧客を製品開発プロセスに巻き込む顧客参加型製品開発が注目を集めるようになってきているが，こうした製品開発プロセスに顧客を参加させるためには，確固たるリレーションシップを構築する必要がある。

4.　リレーションシップの発展

（1）リレーションシップの捉え方

　製品やサービスと消費者とのリレーションシップにおいては，しばしば人と人との関係に似た構造が想定される。消費者は，様々な対象物を擬人化して捉える傾向がある。そのため，製品やブランドと強固なリレーションシップを構築している人の中には，対象に名前を付けるなどして，単なるモノとして扱わない行動がみられる。

　リレーションシップを人と人との関係のように捉えてみると，製品やブランドと消費者とが相互に影響しあいながら，製品やブランドに特定の意味が見いだされ，それが発展していくと考えられる。「キットカット」は受験のお守りとして活用されることがあるが，その起源は，九州地方の方言での「きっと勝っとお」と発音が似ていたため，周辺地域で消費者がキットカットを受験の願掛けとして使っていたことにあるという。

消費者側がブランドに特定の意味を見いだしたことが分かる。こうした消費者による意味づけを受け，キットカットを展開しているネスレは，受験を題材にした TVCM を展開したり，桜でラッピングされた電車やバスを走らせたりすることで，意味を強化し，関係性を発展させていった。自らの受験期にキットカットをもらった人や受験生にキットカットをプレゼントした人にとっては，キットカットは単なるチョコレート菓子のブランドではなく，特別な絆を感じるブランドになっているであろう。このように，消費者が自社の製品やブランドにどのような意味を見いだしているのかを把握し，企業側としてそうした意味を強化できる取り組みを検討することが重要になる。

　人と人との関係性を念頭におくと，製品やブランドと消費者とのリレーションシップにおいても多様な関係性があることを想定できる。近年では秘密消費という概念が注目されるようになってきているが，特定のブランドに対して同じように感情的な結びつきを有していたとしても，他者に対してオープンな関係性を構築している消費者も，他者に対して秘密の関係性としている消費者も存在する。秘密にする動機に注目しても，自己イメージとの不一致や他者からの批判を回避したいというネガティブなものだけでなく，当該製品を独占するために知られたくないといったポジティブなものもある。自社の製品やブランドが消費者とどのような関係にあるのかといった質的な把握も必要になる。

　また，人と人との関係のように，製品やブランドと消費者との関係も動的なものである。製品やブランドとの相互作用によって，リレーションシップは変化する。たとえば，自らが好きなブランドが新たに導入した製品が自らに合わないと感じたらリレーションシップの水準は低下してしまう可能性が高いし，それほど結びつきを感じていなかったブランドによる新製品の導入がリレーションシップの大幅な強化をもたらすこ

ともある。さらに，消費者が置かれた文脈や立場に変化が生じることで，製品やブランドの捉え方も変わることもある。例えば，学生時代に熱烈にファンだったブランドであっても，就職して社会人になると「卒業」するといった現象はしばしば生じる。

（2）リレーションシップの育成

　リレーションシップが動的であることを踏まえると，企業は，顧客とのリレーションシップを育成することができる（**図14-3**）。一般的に，企業と顧客との関係は，見込み客から始まる。まずは見込み客に自社の製品やサービスを購入してもらい，新規顧客としなくてはならない。ここで高い顧客満足を獲得し，リピート顧客とすることが重要になる。も

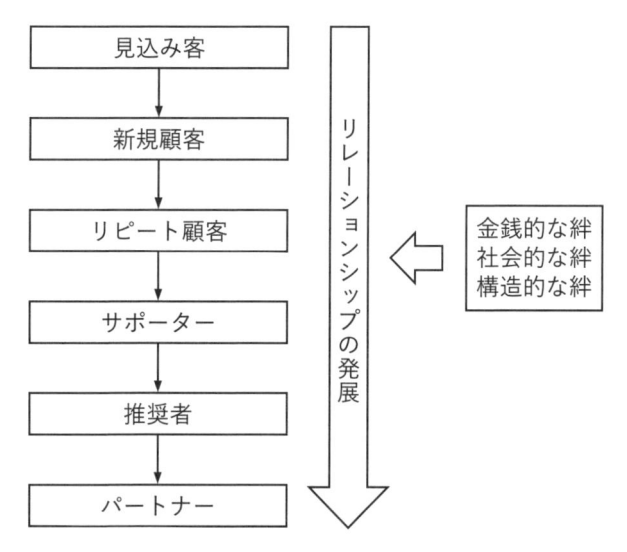

図14-3　リレーションシップの育成
出所：コトラー，ケラー（2008），p.195，図5-4に加筆修正

し適切な顧客満足を提供できなければ，新規顧客は離反してしまい，関係性が深まることはない。リピート顧客が製品やブランドに対して感情的な結びつきを感じるようになると，自社を強く支持してくれるサポーターへと関係が深まっていく。サポーターになると他社の製品やブランドにスイッチすることが少なくなる。さらに強く結びついた顧客は，推奨者（アドボケーター）として製品やブランドを他者に勧めてくれるようになる。最終的には，様々な局面で企業に協力してくれるパートナーへと育成していくことが目指される。上述したアンバサダーとしての役割を担うのは，推奨者やパートナーとなった顧客たちである。

　こうしたリレーションシップの育成を実現するために，企業は3つの視点からアプローチすることができる。1つめは金銭的な絆の提供である。近年では，様々な企業がロイヤルティ・プログラムを展開している。ロイヤルティ・プログラムとは，顧客の購買履歴に基づいて継続的な取引を促す取り組みのことであり，多くの場合，利用実績に応じて金銭的な見返りを得られることが多い。ロイヤルティ・プログラムは，心理的なリレーションシップよりも，行動的なリレーションシップの構築に寄与する。関係性の初期段階にある新規顧客をリピート顧客へと転換させるうえでは，効果的な取り組みとなる。

　2つめは社会的な絆の形成である。企業は社会的な絆を深くするため，しばしば顧客同士の結びつきを重視するようになっている。「よなよなエール」を展開するヤッホーブルーイングでは，顧客との接点づくりを重視している。ヤッホーブルーイングが開催するイベントには，毎回，多くの顧客からの応募があり，イベントで出会ったファン同士にも交流が生まれるという。こうしたファン同士の絆によって，製品やブランドとの絆もより深まっていくと考えられている。そのため，近年では，ブランドを核とした顧客の集まりであるブランド・コミュニティを重視す

る企業も多い。

　3つめは構造的な絆の構築である。構造的な絆とは，顧客の生活の中に製品やブランドがシステムとして埋め込まれていくことである。第10章で取り上げたサブスクリプションは，構造的に自社のブランドを生活に埋め込んでいく1つの手法として考えられる。サブスクリプションを継続している限りは，他の製品やサービスが顧客の生活に入り込むことは難しく，生活の一部として機能することになる。

5. リレーションシップ・マーケティングの注意点

（1）CRM とリレーションシップ・マーケティング

　リレーションシップ・マーケティングと関連した考え方に CRM（Customer Relationship Management）がある。CRM という言葉が使われる場合には，顧客のデータを活用した手法が想定されていることが多い。例えば，顧客の閲覧履歴や購入履歴に応じて，お勧めの商品を提示するリコメンドは CRM の代表的な手法である。CRM は本章で取り上げているリレーションシップ・マーケティングの一部として考えられることが多いものの，しばしば短期的な利益の追求を目指して展開されることもある。顧客との関係性を深めていくというリレーションシップ・マーケティングの考え方とは相容れない CRM も存在するため，両者を分けて捉えておくほうが望ましいであろう。

（2）ダブル・ジョパディの法則

　既存の優良顧客との関係性を重視するリレーションシップ・マーケティングの考え方は，既に多くのマーケティング関係者に浸透しているが，近年では，従来の新規顧客の獲得を目指すマーケティングの考え方をあらためて強調する声もある。

　有力な指摘の1つは，優良顧客による収益性が20対80の法則ほど高くない製品カテゴリーが一定数存在する点である。ある調査では，上位20％の顧客による収益が50％から60％程度であることが指摘されている。優良顧客との関係性を深めつつ，それ以外の顧客にも適切に対応をしなければ，売上や利益の水準は低下してしまいかねないことになる。

　また，市場浸透率に注目した議論も進められている。市場浸透率とは，ターゲット顧客において特定期間内に一度でも当該製品を購入したことのある顧客の割合を意味している。ターゲット顧客100人のうち，特定期間内に当該製品を購入したことがある顧客が10名の場合には，市場浸透率は10％となる。したがって，市場浸透率からは，当該製品をあまり購入しないライト・ユーザーを含めた顧客基盤の大きさが把握される。市場浸透率にそれぞれの顧客の購入頻度を掛け合わせると，当該製品の売上規模になる。

　市場浸透率と購入頻度に注目してみると，多くの製品カテゴリーにおいて，市場シェアが高いブランドは，市場浸透率が高く，購入頻度がやや高いことが明らかになってきた。こうした傾向は，しばしば「ダブル・ジョパディの法則」と呼ばれる。**ダブル・ジョパディ**とは二重苦のことを意味しており，市場シェアの低いブランドは，市場浸透率も低く，購入頻度も低いという二重苦を背負っているという現象を表している。市場シェアが高ければ，顧客のマインド内における存在感も大きいことが多く，流通業者なども積極的に取り扱うため，購入される可能性が高まるというのは納得感がある。

　ダブル・ジョパディの法則が示すように，購入頻度よりも市場浸透率のほうが市場シェアと大きく関わるのであれば，市場浸透率を高めること，つまりは新規顧客を獲得して顧客基盤を拡大することのほうが市場シェアの拡大につながりやすいと考えられる。そのため，あらためて新

規顧客の獲得に注力することの重要性が指摘されているのである。

　もちろんダブル・ジョパディの法則によってリレーションシップ・マーケティングの重要性が揺らぐものではなく，むしろ，既存顧客重視が高まり過ぎたことへの警鐘として捉えるべきであろう。顧客シェアの話を思い返してみると，顧客シェアが 100% の顧客をつなぎとめる重要性は高いものの，彼らをつなぎとめているだけでは，企業として成長することはできない。顧客シェアが極めて高い顧客との関係性を維持しつつ，顧客シェアが低い顧客や新規顧客との関係を開拓していくことが企業の成長につながることは自明のことである。

　リレーションシップ・マーケティングによる既存顧客との関係強化がもたらす価値と新規顧客開拓による成長への道筋を整理する必要があるだろう。

学習課題

1．自分自身の購買行動を振り返り，特定のブランドの顧客シェアを算出してみよう。
2．自分自身と感情的な結びつきを有するブランドを 1 つ挙げ，なぜそのような結びつきが生じたのかを整理してみよう。
3．どのような製品においてダブル・ジョパディの法則が当てはまりやすいか，考えてみよう。

参考文献

- 青木幸弘編（2011）『価値共創時代のブランド戦略―脱コモディティ化への挑戦―』ミネルヴァ書房。
- 恩藏直人（2019）『マーケティング〔第2版〕』日本経済新聞出版社。
- 久保田進彦，澁谷覚，須永努（2022）『はじめてのマーケティング［新版］』有斐閣。
- 田中洋編（2014）『ブランド戦略全書』有斐閣。
- バイロン・シャープ，アレンバーグ・バス研究所（2018）『ブランディングの科学　誰も知らないマーケティング法則11』朝日新聞出版。
- フィリップ・コトラー，ゲイリー・アームストロング，恩藏直人（2014）『コトラー，アームストロング，恩藏のマーケティング原理』丸善出版。
- フィリップ・コトラー，ケビン・レーン・ケラー（2008）『コトラー＆ケラーのマーケティング・マネジメント〔第12版〕』ピアソン・エデュケーション。
- Dick, A. S. and Basu, K（1994），Customer loyalty: Toward and integrated conceptual framework. *Journal of the Academy of Marketing Science*, 22（2），99-113.

15 | 企業の社会的責任と ソーシャル・マーケティング

安藤和代

《目標＆ポイント》 企業の社会的責任については19世紀の終わりころから議論が始まり，よき企業市民としての行動を企業に求めてきた。近年，持続可能な社会の実現のために果たす役割が問い直される中，企業はメセナやフィランソロピーの活動だけでなく，事業の発展と社会貢献の両立を目指すなど社会的責任活動をより戦略的に位置づけるようになっている。本章では企業の社会的責任論の議論を振り返り，今日的なソーシャル・マーケティングの取り組みやその考え方について学ぶ。

《キーワード》 企業の社会的責任，メセナ，フィランソロピー，コーズ・リレーティッド・マーケティング，共通価値の創造

1. 企業の社会的責任論の発現と展開

　健全な成長のために企業は多様なマーケティング活動を行うが，効果的な施策の遂行に注力するだけでなく，それらの活動が社会や環境にどのような影響を与えるのかを考慮する必要がある。強い倫理観，公平な価値観，社会的責任に基づき行動することが求められている。

　企業の社会的責任論（Corporate Social Responsibility: CSR）は，19世紀終盤に生じた雇用問題や公害問題，企業活動に伴う事故や不祥事を契機として議論が始まった。企業の経済活動が直接的・間接的に社会に与える負の影響に対する結果責任や，それらへの対応が議論された。

　企業に対して社会的責任をより強く求めるようになったのは，1960

年代から 1970 年代である。背景には，経済発展が社会や環境に負荷を
かけることで地球の成長が限界に達するとローマクラブが警鐘を鳴らし
たことがある。

　また，米国では同時期にコンシューマリズムが台頭した。コンシュー
マリズムとは，企業と比較して立場の弱い消費者の利益や権利を保護
しようとする運動のことである。ジョン・F・ケネディ米国大統領は，
1962 年 3 月，議会への特別教書としてコンシューマー・メッセージを
発表した。その序文で食品添加物，食品着色剤，殺虫剤，家庭用品の危
険性や，自動車および飛行機の利用増大にともなう混雑や安全性の問題
などに触れ，4 つの基本的な消費者の権利を宣言した。そして，企業に
対して責任ある態度を求めた。

　消費者の基本的権利とは「安全である権利：健康や生命に有害な製品
から守られること」「知らされる権利：著しく誤解を与えるような情報，
広告，ラベル，その他の手段から守られ，かつ情報を選択するために必
要な真実のデータが与えられること」「選択する権利：多様な製品や
サービスを競争的な価格で購入できること，かつ産業においては消費者
の満足できる品質とサービスを公正な価格で購入できるよう保証するこ
と」「意見を反映させる権利：消費者の利害関係は十分にかつ同情的に
受け入れられて製品の政策形成に反映され，かつ，裁判においては公正
で迅速な処理がなされること」である。

　その後，企業は対象市場を広げ，世界規模で事業を展開するようになっ
た。経済のグローバル化が進む 1990 年代後半には，例えば先進国と途
上国の経済格差，人権問題，環境問題，労働問題，租税問題，腐敗など
様々な問題が顕在化した。明らかになった社会課題は多様で影響は広範
囲に及び，その多くは解決が容易ではない。こうした社会が抱える課題
に対して企業が果たすべき役割が問い直されている。企業活動が直接的

に影響をもたらす社会課題への対処に留まらない，それ以上の役割が期待されている。

2.　持続可能な社会の実現と企業の社会的責任

（1）企業市民としての道徳的な義務

　企業の社会的責任として，企業は自主的に，自らの事業活動を通して，または自らの資源を提供することで，地域社会をよりよいものにするために深く関与していくことが期待されている。近年では多くの企業が社会的責任を果たすための活動を事業戦略やマーケティング戦略として位置づけ，積極的に取り組んでいる。

　企業が社会的責任を果たす動機は，1つには善良な企業市民として道徳的な義務を果たすためである。企業が成功するためには安全で安定した社会であること，整備された道や橋，安定的な電気や水，通信などの社会インフラストラクチャーが不可欠である。また企業の成長を支える従業員は優れた教育や医療の体制なしには確保できない。社会の恩恵を享受していることを理解し，応分の義務を果たすのである。

　他方で，安定的な社会基盤の構築や維持は，政府や自治体によってのみ実現しているのではない。例えば道路や橋の建設，水や電気の安定供給，教育や医療の提供には多くの企業やその従業員が関与する。企業と社会は相互依存関係にあり，より能動的な捉え方をするならば，よりよい社会は政府や自治体，個人，そして企業がともに創り上げていくものなのだろう。

　近年，国際社会の要請が高まっていることも，企業の社会的責任活動を後押しする。1996年には環境マネジメントに関する国際認証規格であるISO14001，2010年には官民両セクターにおける社会的責任に関する国際規定であるISO26000が制定された。また2015年の国連サミットで

合意された「持続可能な開発のための 2030 アジェンダ」で，2030 年までに達成すべき世界共通の目標である SDGs（Sustainable Development Goals: 持続可能な開発目標）が設定された。具体的には，教育・貧困・エネルギー・街づくり・気候変動など 17 の目標が掲げられ，政府や自治体，個人，そして企業に対して積極的な関与を求めている。

　日本では，経済産業省や一般社団法人日本経済団体連合会（経団連）が持続可能な開発を念頭に置いた行動指針を示し，企業の取り組みを促している。例えば，経団連は「企業行動憲章—持続可能な社会の実現のために」の冒頭で，「企業は，公正かつ自由な競争の下，社会に有用な付加価値および雇用の創出と自律的で責任ある行動を通じて，持続可能な社会の実現を牽引する役割を担う」と宣言している。また，2024 年，日本マーケティング協会は 34 年ぶりにマーケティングの定義を刷新し，その目的を企業の成長の先にある「持続可能な社会の実現」であることを示した。

（２）企業の持続可能性

　企業が持続可能な社会の実現に向けた取り組みを実践するとき，企業の持続可能性にも好ましい影響をもたらす可能性がある。なぜなら SDGs には社会が抱える様々な課題が網羅されているため，企業にとっての機会や脅威の指標となる。対応策を講じる中で新たな技術の開発やイノベーション，新事業のシーズや新たなビジネスパートナーの発見，将来の市場の獲得といった長期的な利益につながることがありうる。地域社会からの信頼の獲得や，取引先や顧客との長期的で良好な関係構築につながる可能性もある。

　近年では，消費者，従業員，株主，取引先，自治体などのステークホルダーが企業を評価するとき，SDGs への取り組みに注目する。例えば

環境（Environment），社会（Social），ガバナンス（Governance）に配慮している企業を評価し選別して投資を行う「ESG 投資」が増えている。経営状況や業績などの財務情報だけでなく，二酸化炭素排出量抑制の取り組みや，社員のワークライフ・バランスなどの非財務情報にも注目して企業価値を評価し，投資の意思決定に役立てている。またグローバル企業を中心に，環境負荷の低さや，人権・労働環境などの社会問題への配慮を取引先の選定や購入の基準とする「持続可能な調達」も広がりつつある。

　こうした傾向は，人々の購買行動や就職活動の場でもみられる。例えば「エシカル（Ethical：倫理的な）消費」である。地域の活性化や雇用などを含む，人・社会・地域・環境に配慮した消費行動のことを指している。消費者庁が 2023 年に行った調査によれば，エシカル消費を「今後実施したい」と回答した人は全体の 58.3％，「実施している」と回答した人は全体の 27.4％であった。その内容はリサイクル製品の購入（34.5％）が最も多く，地産地消・地元の特産品（30.5％），被災地（11.6％）・障がい者自立支援商品（12.2％）・フェアトレード商品（10.1％）の購買が含まれていた。

　就職情報サービス会社である学情が 2023 年に就職活動中の学生を対象に行った調査において，就職先の選択に企業の SDGs の取り組みを「意識する（26.0％）」「どちらかと言えば意識する（25.7％）」と回答した人が半数以上を占めた。「仕事を通して社会課題の解決に貢献したい」「社会課題の解決に貢献する企業でないと，今後社会と良好な関係を築けないと思う」といったコメントが寄せられたという。

236

3. ソーシャル・マーケティング

(1) 2つのソーシャル・マーケティング

前述した通り企業は社会的責任を果たし、持続可能な社会の実現に貢献することが期待されている。こうした社会の要請にどのように向き合い、対処すればよいのだろうか。生活者や社会といった外部と企業との関わりは、ソーシャル・マーケティング領域で研究されてきた。第1節で述べたように1960年代にコンシューマリズムが台頭し、大企業やその対応が求められた1970年ころに、ソーシャル・マーケティングは誕生した。大きく分けて2つの流れがある。

1969年、フィリップ・コトラーとシドニー・レビーはマーケティングの考えを拡張することで、マーケティングが社会課題の解決に応用できることを提唱した。4PやSTPをはじめとするマーケティングの概念や技法は、営利組織だけではなく病院や大学といった非営利組織にも適応可能であると考えた。消費者ニーズをもたす価値創造といった通常マーケティングでの目標のかわりに、社会課題の改善やそのための個人や組織の行動変容促進を据えるのである。マーケティングの考え方を応用し、目標達成に向けたむしくみづくりを目指すものである。こうした考えは「非営利組織のマーケティング」と呼ばれている。

ウィリアム・レイザーが、4Pを中核とするマーケティングに社会的責任や社会的倫理といった視点を取り入れる必要性を提唱したのも、同時期の1969年であった。大企業に向けられた批判を受け止め、企業の社会的責任を果たすた意義を提議するもので、「社会志向のマーケティング（ソシエタル・マーケティング）」と呼ばれている。

（2）非営利組織のマーケティング

今日では病院や大学，教会，美術館，動物園，スポーツや文化事業財団，NGOなど幅広い非営利組織にマーケティングの考え方や枠組みが取り入れられ，事業戦略の策定や実行において大きな役割を担うようになっている。背景には，利用者や賛同者，資金の獲得競争が激化していることがある。

マーケティングは，元来，顧客や支持者など対象とする人々のニーズや欲求と，組織の目標を一致させるための活動である。その点を踏まえ，ピーター・ドラッカーは著書『非営利組織の経営』で，非営利組織がマーケティングに取り組むことの意義を強調する。マーケティングを行わないことで，非営利組織は独善的な考えを外部の人々に押し付けることになりかねず，支援者を失う可能性があると警告している。

他方で，営利組織のマーケティングを非営利組織にそのまま取り入れることは，事業の性質上，困難である。1つには，消費者ニーズに合わせて提供物を変更することはできない。教育現場や医療現場で学生や患者が嫌がるからといって必要な課題や注射・薬をなくすわけにはいかないし，変化する価値観にあわせて，教会の教義を大きく変えるべきではない。加えて，提供物の評価が難しい。この点は営利組織が提供するサービスも同じだが，例えば，教育サービスや医療サービスのパフォーマンスを学生や患者が利用直後に評価することは難しい。同様に，非営利組織が社会課題解決のために行った寄付獲得活動の成果を，短期的に評価することは極めて困難である。寄付者は自身の行為が課題解決にどのように貢献しているのかがわからないと，活動の成果を評価することができず，満足や継続参加につながりにくい。

もう1つの違いは，営利組織のマーケティングでは消費者ニーズを出発点とするが，非営利組織の場合，提供サービスに関心がない（需要が

ない）あるいは回避したい（負の需要）ことであったりする。美術館や博物館に興味のない人は支援にも関心をもたないし，歯周病は怖いが口腔ケアは面倒である。途上国の貧困や教育支援などは大切だと思うが，精神的・金銭的な余裕のなさからそうした機会を避けているという人もいるだろう。

　これら非営利組織の特性を踏まえると，負の需要を正の需要に転換するプロモーションの重要性が理解できる。対象とする課題や解決プロセスを広報し，関心を高め，参加意向を醸成するのである。マスメディアを用いた大規模なキャンペーンを実施できる非営利組織は限られるかもしれないが，組織のホームページや公式 SNS サイトなどオウンド・メディアを活用した広報活動は，以前より容易になった。クラウドファンディングや事業支援を行うオンラインサービスなどを活用できるようにもなった。加えて，企業がこうした活動の支援を始めており，連携の可能性が高まっていることも朗報である。

　公共福祉の改善のためには，社会の人々の行動変容が不可欠である。そのためのキャンペーンは非営利組織や政府機関，自治体が主体となって企画し実行されているが，企業が取り組みを支援したり，自ら実施したりすることもある。例えば，ビール大手４社は，マナーを守った「適正飲酒」の普及に力を入れている。SDGs でアルコールの有害な摂取の防止が明記されていることや，街頭での立ち飲みの増加，過度な飲酒がもたらす問題への対応である。サントリーでは 1986 年から "ほどほど" を意味する "モデレート飲酒" 広告を全国紙で展開してきた。また企業や学生への啓発セミナーの実施や，適正飲酒心得をまとめた啓発ツールの作成，社員や工場見学者への配布を行っている。

（3）社会志向のマーケティング①—社会貢献のマーケティング

　社会志向のマーケティングは，「社会貢献のマーケティング」と「社会責任のマーケティング」の2つの次元で取り組まれている。

　社会貢献のマーケティングとは，企業が社会に対してよい行いを積極的に進めていく活動のことをさす。代表的な社会貢献マーケティングとして，ここではメセナとフィランソロピーを取り上げる。**メセナ**とは，企業による文化芸術の擁護や援助のことをいう。具体的な方法として，寄付や助成金の提供，文化芸術イベントの開催，美術館やコンサートホールなど文化芸術イベント会場の開設・運営，文化財の保護・修復などがある。例えばサントリーグループは，サントリー美術館やサントリーホールの開設・運営，人文・社会科学の学術研究助成，生物有機科学の研究活動や学術研究助成などを継続的に行っている。

　フィランソロピーは，ギリシャ語の愛や人類を意味する言葉を語源に持つ。企業が非営利組織や自治体などに対して行う寄付活動や慈善活動のことである。金銭的な寄付が最も一般的だが，製品やサービスの寄付，余剰資源の寄付，従業員によるボランティアなどの形態をとる場合もある。サントリーの取り組みの1つには，東日本大震災発生後の2011年から実施している復興支援活動「サントリー東北サンさんプロジェクト」がある。漁業の復興，未来を担う子どもたちの支援，文化・芸術・スポーツを通じた支援，チャレンジド・スポーツへの支援の4つを柱に支援を行っている。また，公益社団法人日本フィランソロピー協会は，ボランティアマッチングサイトを開設し，様々な非営利活動団体のボランティア情報をウェブサイトで提供し，会員企業の従業員とのマッチングの手助けを行っている。

（4）社会志向のマーケティング②—社会責任のマーケティング

　企業に求められる社会責任の内容や性質が時代と共に変化してきたことはすでに述べた。企業と社会のかかわりがより密接になり，よりよい社会の構築のために企業が積極的に関与することが求められるようになる中で，既存事業と独立した形で社会的責任活動を考えるのではなく，企業は経営や既存事業の遂行において，ソーシャル・マーケティングの考え方や活動を取り入れ，埋め込もうとしている。例えば，コーズ・リレーティッド・マーケティングや共通価値の創造（CSV）である。それぞれについて解説する。

①　コーズ・リレーティッド・マーケティング

　コーズ・リレーティッド・マーケティングとは，特定の社会課題の解決（コーズ，大義）を支援するため，製品の売上や利益の一部を寄付する活動のことである。対象とする製品，社会課題，支援先となる活動や慈善団体，支援内容（例えば，売上の1％，製品1個あたり1円など）を事前に公表し，期間を設定したキャンペーンとして実施する。最大の特徴は製品の売上や利益に応じて寄付額を決定することである。

　コーズ・リレーティッド・マーケティングの手法が認知されるきっかけとなったのは，1980年代初頭にアメリカン・エクスプレスが行った「自由の女神修復支援キャンペーン」である。ニューヨーク市の物理的なシンボルであり，市民の心の支柱でもある自由の女神は，観光資源としても高い価値を有している。破損が確認されているにもかかわらず，市の財政難から修復資金を確保することが難しくなっていた。そこで同社はカード保有者がカードを使うたびに1セント，新規のカード申し込みがあるたびに1ドルを，“自由の女神の修復基金”に寄付することを約束した。その結果，このキャンペーンは170万ドルの修復基金への寄付を

生み出した。同時にビジネスに対する好ましい影響もあった。カード利用は 27％増加，新規カード会員申し込みは 10％増加した。

　この例に見られるように，コーズ・リレーティッド・マーケティングは社会的課題の解決の支援に加えて，キャンペーン実施企業の売上の増加，新規顧客の獲得，加えて，好ましい企業イメージの醸成，ブランド・ロイヤルティや従業員満足の向上といった成果をもたらす可能性がある。社会課題の解決とマーケティング活動を両立させられる取り組みは，その後，多くの企業の注目を集めた。日本でも多くの企業によって取り組まれており，イオンの「黄色いレシートキャンペーン」，森永製菓の「1 チョコ for 1 スマイルキャンペーン」，王子ネピアの「千のトイレプロジェクト」などがあげられる。

　キャンペーンの実施にあたり，企業は次の 3 つの点に配慮する必要がある。1 つめは，適切な社会課題の選択である。自社の事業と対象課題およびその解決策の間に機能的，情緒的な関連があり，合理的に説明できるとき，消費者はキャンペーンを受け入れやすい。上述のケースにおいては，「チョコレート製品」と「原料であるカカオ生産地の児童労働環境や学習環境の改善に向けた支援」，「トイレットペーパーを含む紙製品」と「途上国のトイレの衛生管理改善に向けた支援」など，両者の間に明確な関連性が認められる。企業が課題に取り組む動機を理解しやすく，消費者の好ましい反応が期待できる。

　加えて，顧客が支援の必要性を強く意識する社会課題であるとき，キャンペーンへの参加も高まり，より高い効果が生まれやすい。またそれが従業員や消費者にとっても関心の高い社会課題であれば，従業員の労働意欲や自社への愛着を高めることができる。

　2 つめは，消費者の参加を前提とした活動であるため，企業は取り組みについて十分なプロモーションを実施し，消費者に知らしめる必要が

ある。パッケージや広告の表現を多少変える程度では消費者は気づかないものである。徹底したプロモーション活動は，キャンペーンの内容を伝えるだけでなく，社会課題の存在やその解決策を広報する役割を果たすなど社会課題解決に好ましい影響を与えることができる。しかし，企業が社会課題を自社の利益のために利用していると受け止められる可能性があることも理解しておく必要がある。

　最後に，アカウンタビリティやトレーサビリティへの配慮が欠かせない。消費者の中には，企業がかかわる慈善活動に疑念を持つものもいる。売上に対して何割の利益が慈善団体に寄付されるのか，活動で集められる予想金額はいくらなのか，といった情報が提供されていないとき，消費者はキャンペーンに対して疑いを抱きかねない。活動母体や慈善団体との明確な合意に基づく活動とし，寄付割合や貢献の内容を開示しておくことが重要である。

②　共通価値の創造

　従来，企業の利益と公共の利益はトレードオフであると考えられてきた。しかし，2011 年にマイケル・ポーターとマーク・クラマーは「**共通価値の創造**（Creating Shared Value：**CSV**）」という概念を発表し，事業活動と社会課題の解決を直接的に結びつけることで，地域社会の経済発展と企業の競争優位性の構築を両立させるという考え方を示した。経済価値の創造と社会課題の解決を両立させられるならば，その活動で社会的責任を果たし，慈善活動を代替し，社会と企業の持続可能性を同時に実現させられる。

　そしてポーターらは，CSV につながる有効な共通価値を見極める 3 つの方法，「製品と市場を見直す」「バリューチェーンの生産性を再定義する」「事業を営む地域に産業クラスターを開発する」を提示している。

　1つめの「製品と市場を見直す」は，社会的課題を顧客ニーズと定義し，そのニーズを充たす製品やサービスを開発するという方法である。今日，日本を代表する複数の食品メーカーは，かつて日本で多く見られた栄養失調やそれに伴う疾患に苦しむ人々を助けようと，栄養価の高い食品を開発したことに始まる。社会課題を解決する製品を開発することで共通価値を創造した例といえるだろう。世界に目を向けると，栄養失調，水不足，感染症，不衛生な住環境など今日もなお充たされていないニーズが多くある。住友化学は世界三大感染症の1つとされているマラリア感染防止のため，殺虫剤を練り込んだ防虫蚊帳「オリセットネット」を開発し販売している。またヤマハ発動機は水資源の不足やそれに伴う疾病といった社会問題に対して分離型浄水装置を開発し販売している。2000 年に実証実験を始め，2023 年 9 月時点で，アジアとアフリカに合計 50 基を導入している。日本・他国を問わず多くの企業や団体から少額出資を募り開発資金を確保する。また浄水事業をビジネスとすることで，導入後の補修・運営を地元住民で作る組織が担う，など独自のシステムを構築している。

　途上国の社会課題の解決と経済価値との共通価値の創造は決して容易ではない。多くの企業は，途上国のビジネス商習慣や文化には不慣れである。国連や国際 NGO との取引では，採算に合う発注量に充たなかったり，関係者が多く，それに伴う業務管理が難しかったりする。そもそも国連の調達先になるためのオークションに時差が理由で参加できない，現地で対応する人員確保が困難，といった問題もあるという。

　2つめは「バリューチェーンの生産性を再定義する」である。第 3 章で学んだとおり，バリューチェーンは企業活動を主活動と支援活動の 2 つに分け，さらに業務を細分化し，それぞれの活動が生み出す価値を分析する枠組みである。主活動とは，購買物流，製造，出荷物流，

販売・マーケティング，サービスの5つの活動を指し，支援活動には全般管理，人事・労務管理，技術開発，調達活動が含まれる。この枠組みを用いて，それぞれの活動で社会的課題と密接な関係がある事案がないかを確認し，それらの改善に取り組むことで，共通価値の創造を目指すといった方法である。

　原材料の購入に注目するとき，持続可能な開発目標の1番にあげられている貧困問題と密接に関係する場合がある。原材料の供給を途上国に依存する場合，労働者の環境や条件が適切に管理されていないというケースである。問題がある場合，是正に際して，一時的な資金援助を行うのではなく，生産性を高める支援を行うことが望ましい。例えば農家の支援の場合，収穫量を高め品質を向上させるための情報や技術，あるいは肥料を提供したり，収穫物の安定的購入契約をしたりすることで，農家の収入を向上させ生活を安定させる。その結果，企業は品質の高い原材料を安定的に調達できるようになる，といった共通価値を創造する。こうした取り組みはすでに始まっている。

　その他にも，日清食品は製造における資源の有効活用に取り組む。包装の原料や形状の見直しにより，石油由来の原料や焼却時に排出するCO_2の削減につなげた。アサヒグループは販売におけるCO_2削減の取り組みとして，「CO_2を食べる自動販売機」を2023年7月から試験導入している。自動販売機は周囲の大気を吸い込み飲料の冷却や加熱を行っているが，機械内にCO_2を吸収する特殊材を設置し，吸い込んだ大気からCO_2を取り出し吸着させる。特殊材に貯められたCO_2を工業製品の素材として利活用することも視野に入っているという。

　労働環境の是正のため導入された「働き方改革関連法」により，出荷・物流での労働者不足が社会問題化している。その対策として，トラックの融通や共同配送などで協業が試みられている。社会課題の解決策が物

流体制の安定化や効率化，協業による新たな事業につながる可能性がある。

　3つめは「産業クラスターの構築」である。産業クラスターとは，特定の分野の企業や機関が，共通性や補完性によって結びつき，地理的に近接した集積のことである。カリフォルニアのワインクラスターやシリコンバレーのIT クラスターはよく知られているが，日本でも全国に新旧，さまざまな背景をもつクラスターがある。特定の地域に特定の産業に関連する企業が集まり，競争力を確保し，社会とともに成長することが目指される。そのためには，関連事業者が協業することが重要であり，関連事業者には企業だけでなく，自治体，教育機関や研究機関が含まれる。企業が産業クラスターの構築を支援し地域の発展を後押しすることは，地域社会の経済発展のみならず，自社の競争優位性の向上にもつながる。なぜなら補完産業が集まれば安定した供給体制を敷くことができるし，教育や研究プログラムによって優秀な人材の確保や事業の発展の可能性が高まるからである。結果として地域と企業の両者の発展に寄与するのである。

学習課題

1. 具体的な社会課題を1つ取り上げて，どのような企業や組織によって，どのような取り組みが行われているか，調べてみよう。
2. コーズ・リレーティッド・マーケティングのキャンペーンが企業と社会課題解決にどれほど貢献しているのか，調べてみよう。
3. CSV を行っている企業を探し，3つのアプローチ方法に照らして分析してみよう。

参考文献

- 日経産業新聞（2016）「途上国支援国連からお墨付き―「優等生」日本勢受注は低調」10月12日付，5面。
- フィリップ・コトラー，ゲイリー・アームストロング，マーク・オリバー・オプレスニク（2022）『コトラーのマーケティング入門〔原書14版〕』丸善出版。
- フィリップ・コトラー（2022）『「公共の利益」のための思想と実践―企業・正負・非営利団体の戦略』ミネルヴァ書房。
- フィリップ・コトラー，ナンシー・リー（2007）『社会的責任のマーケティング』東洋経済新報社。
- マイケル・ポーター，マーク・クラマー（2008）「競争優位のCSR戦略」『DIAMONDハーバードビジネスレビュー』第33巻，第1号，pp.37-52。
- マイケル・ポーター，マーク・クラマー（2011）「共通価値の戦略」『DIAMONDハーバードビジネスレビュー』第36巻，第6号，pp.8-31。
- 和田充夫，恩藏直人，三浦俊彦（2022）『マーケティング戦略〔第6版〕』有斐閣。

索引

●配列は五十音順。

著者紹介

安藤　和代 （あんどう・かずよ）
　　　　　　　　　　・執筆章→ 1・3・6・8・9・12・13・15

現職	千葉商科大学サービス創造学部教授。早稲田大学 博士（商学）。
略歴	早稲田大学大学院商学研究科博士後期課程単位取得退学。千葉商科大学サービス創造学部専任講師, 准教授を経て現職。
専攻	消費者行動, マーケティングコミュニケーション
主著	『消費者購買意思決定とクチコミ行動 — 説得メカニズムからの解明』（単著, 千倉書房, 2017 年） 『顧客接点のマーケティング』（共著, 千倉書房, 2009 年） 『エネルギー問題のマーケティング的解決』（共著, 朝日新聞出版, 2013 年） 『医療マーケティングの革新』（分担執筆, 有斐閣, 2018 年）

石井　裕明 （いしい・ひろあき）
　　　　　　　　　　・執筆章→ 2・4・5・7・10・11・14

現職	早稲田大学商学学術院准教授。早稲田大学 博士（商学）。
略歴	早稲田大学大学院商学研究科博士後期課程単位取得退学。千葉商科大学サービス創造学部専任講師, 准教授, 成蹊大学経済学部准教授, 青山学院大学経営学部准教授を経て現職。
専攻	消費者行動, マーケティング
主著	『消費者行動における感覚と評価メカニズム — 購買意思決定を促す「何となく」の研究 —』（単著, 千倉書房, 2020 年） 『1 からの消費者行動』（分担執筆, 碩学舎, 2016 年） 『1 からのデジタル・マーケティング』（分担執筆, 碩学舎, 2019 年） 『マーケティングの力』（分担執筆, 有斐閣, 2023 年）

放送大学教材　1539671-1-2511（テレビ）

改訂新版　マーケティング

発　行　　2025 年 3 月 20 日　第 1 刷

著　者　　安藤和代・石井裕明

発行所　　一般財団法人　放送大学教育振興会
　　　　　　〒 105-0001　東京都港区虎ノ門 1-14-1　郵政福祉琴平ビル
　　　　　　電話　03（3502）2750

Printed in Japan　ISBN978-4-595-32520-5　C1334